受験合格は参考書が9割。

武田塾合格体験記　上位国立・早慶編

林 尚弘

GENTOSHA

はじめに

受験生のみなさん、こんにちは。

武田塾塾長の林です。

この本は、とても合格しなそうなところから第一志望に逆転合格した話を集めたものです。

スタイル別に3冊に分けてあり、本書は「上位国立・早慶」の合格生の体験談を集めてあります。

もし、みなさんが第一志望に合格しなそう、届かなそうな状況だったら、ぜひこの本を読んでみてください。たくさんの事例が載っているので参考になると思います。

もうA判定、B判定が出ていて、順調に志望校に合格しそうだったらこの本は必要ないので、そっと本棚に戻しておいてください。

偏差値とは、偏った、差の値と書きます。

偏差値を高くし、難関大学に合格するためには、**周りのみんなと同じ勉強法をしても伸びません**。

偏差値は上がりません。

この本に載っている勉強法は、大半の受験生とは違う戦法です。

それは**「授業を受けない」勉強法**です。


恥ずかしながら、私は受験生のときにみんなと同じ勉強法をとってしまい、そして、その勉強法も大きく間違えてしまいました。

誰よりもたくさん予備校に行き、たくさんの授業を受け、第一志望に落ちました。

なんでこんなにたくさん授業を受けたのに合格しなかったんだろうと悩みました。

そこで、もっと違う勉強法をしていれば第一志望に合格したんじゃないかと思い、理想の塾をつくりました。

日本初の授業をしない塾です。

そんな塾をつくったら、たくさんの逆転合格者がでました。

話題になり、全国に約３００校もできてしまいました。

それだけ、授業を受けても伸び悩んでいる生徒さんがいたということだと思います。

授業を受けているから、みなさん、偏差値が上がらないんです。

なんとなく、授業っておかしいなって思いませんか。

実は勉強って、**参考書で学ぶのが一番早い**んです。最も効率的なんです。

とはいえ、授業を捨てるのは、みなさん少し怖いかもしれません。

でも、この本に掲載したみんなの事例を読んでくれれば、授業を受けずに参考書だけで勉強したほうが早いとわかるはずです。

私は受験生のときに勉強法がわからず、とても苦労をしました。

ついついみんなと同じ勉強法をやってしまい、差が付きませんでした。

勉強法を間違えて第一志望に落ちてしまいました。

みなさんには同じ失敗をしてほしくない、ひとりでも多くの人に勉強法を知ってほしいと思って、いろんな本を出したり、ＷＥＢ上に公開しています。

その中で、一番みなさんが知りたいのは、どんな生徒がどんな状況からどのように合格

したのか、ということかな？　と思い、実際に「授業をしない」塾でどのように生徒が合格したのか、そのすべてを書いたのがこの本です。

みなさん、自分の状況や志望校と似ている生徒さんの話から読んでみてください。

自分でも逆転合格できる！　って思えるはずです。

そして、来年はみなさんがこの本に載ってくださいね。

みなさんの逆転合格を祈っています。

僕みたいに勉強法を間違えちゃダメですよ！

武田塾塾長　林　尚弘

受験合格は参考書が9割。
武田塾合格体験記　上位国立・早慶編　目次

合格体験記

合格体験記

11

半年間の勉強で第1志望より上の早稲田大学法学部合格

早稲田大学法学部
門田廉都

カバー写真　iStock
装丁　小松学（ZUGA）
DTP　美創
編集協力　神田和花

合格体験記

上位国立・早慶編

合格体験記 1

何から始めていいのか分からない ゼロからの早稲田大学挑戦

高校卒業認定試験を経て大学受験に臨んだ

高《たか》田《だ》詩《し》織《おり》
既卒（一浪）

武田塾立川校（東京都）
コース：個別管理特訓ＳＬ

合格した大学

早稲田大学教育学部／明治大学文学部／立教大学文学部／中央大学（センター試験合格）（太字が進学先）

略歴

東京賢治シュタイナー学校卒

小学1年生から高校3年生まで12年間在籍。東京賢治シュタイナー学校はＮＰＯ法人（特定非営利活動法人）で、文部科学省認定の高等学校ではないので、高等学校卒業認定

試験（旧大検：大学入学資格検定）に合格して大学受験に臨みました。

東京賢治シュタイナー学校は自由な校風で、ドイツの流れを汲んだ特殊な教育をする学校です。在学中は文芸部に所属して小説を書いていたのですが、入学してからの12年間、他の学校のような定期テストや進学のための試験などを受けたことがありません。

志望大学と受験科目

志望校を選んだ理由

出身校が小さな学校だったので、大きな学校でいろんな人に出会って世界を広げたいと思っていました。早稲田大学のオープンキャンパスのときにも、個別に対応してくれた学生さんたちが生き生きとしていて、「ゼミが楽しい」と言っていたところに魅力を感じました。

早稲田大学は演劇が有名なので、演劇にも挑戦してみたいと思っています。そして将来は、東京賢治シュタイナー学校で経験したドイツ流の自由な教育と、日本社会の中にある教育との融合について考えたいのです。

受験科目

英語、国語（現代文・古文・漢文）、世界史

得意科目と苦手科目

得意科目：世界史

物語があって面白い。資料集を見ているだけで楽しい。

苦手科目：現代文

抽象度の高い文章を読んだことがなかったので、文章を読んでも意味がさっぱり分からなかった。

武田塾と受験勉強

武田塾との出会いと入塾したわけ

武田塾を知ったのは高校3年生の11月です。資料請求をして無料受験相談を受けたのですが、入塾したのは浪人が決まり高校を卒業した3月の下旬です。集団で受ける授業は体質的に合わず、自分のペースで勉強するには武田塾しかないと思っていました。

武田塾での日々と受験勉強

武田塾への入塾前は何をやっていいか分からず、センター試験の赤本を解いてみても手の付けようがありませんでした。

入塾後は基本的なところからやって、順序だてて基礎を固めることができました。

入塾前の高校3年生のときに受けたセンター試験同日体験模試の偏差値は48・5だったのですが、入塾後は少しずつ上がっていって、夏の駿台模試で明治大学はB判定でした。その後の河合塾模試でもC判定です。これが自信につながりました。

武田塾では当初の予想どおり、自分のペースで勉強を進めることができました。講師の先生たちも面倒見がいいというか、一生懸命やると認めてくれて褒めてくれるので、ますますやる気が出ました。

毎週の確認テストでは常に80点以上を死守するように努めました。それを続けていれば志望校に合格できると自分にも言い聞かせていました。

私の日常生活と勉強

朝7時半からは自宅で勉強、10時から武田塾の自習室で勉強、夜の9時に帰宅する毎日でした。帰宅してからも夜の11時から12時までは勉強していました。

ただし受験直前期になると、夜の9時か10時ごろには就寝です。受験に臨むための体調管理を考えて、ともかく早く寝るように努力しました。

私のお薦め参考書、ベスト3

①きめる!センター現代文（学研マーケティング）

現代文の読み解き方を公式的（出来事→心情の動き→動作）に教えてくれる参考書です。

②やっておきたい英語長文300（河合出版）

最初は全然解けなかったのですが、何度も読むうちに英文の読み方が分かってきて、楽しくなりました。

③オンリーワン世界史完成ゼミ（代々木ライブラリー）

いろんな大学の過去問が入っているので、最初は難しいのですが、解説が背景知識として頭に入ってきて問題を解きやすくなりました。

合格体験記――高田詩織

――東京賢治シュタイナー学校のこと

12年間通った「東京賢治シュタイナー学校」は、特殊な学校です。勉強のやり方がすごく面白くて、私はその学校が大好きでした。

時間割なども教科別のコマが入っているのでなく、理科と決まったら2週間とか3週間といった一定の期間は理科を重点的に勉強します。結構専門的なところまで勉強して次は美術のエポックです。私たちの学校では、1科目を集中して学ぶ期間をエポックと呼んでいるのですが、美術のエポックの期間は美術を一生懸命勉強してという風に、ある期間は集中してある科目をやるのです。

朝から夕方までその科目だけということではないのですが、大学の授業みたいな感じで、一番頭に入るといわれる朝の2時間くらいは、一番のメインの授業で、毎朝、理科、理科、理科みたいな感じで勉強して、体育や英語のように定期的に学習した方がいいものは午後

の授業に組み込まれていました。

校風は自由で、制服はなくて、髪を染めてくる子も普通にいました。進路も大学じゃなくて専門学校に行く人や、「私は農業をやりたい」と農業の道に進む人や、外国へ飛んでいっちゃう人など、本当に自由な学校です。

そのようにすべてが自由な雰囲気の学校ですが、私が所属した部活動は、ちょっとおとなしめの文芸部です。部活動には、熱心に参加するのではなく、ときどき書き溜めた作品を出す程度でした。

その私の作品ですが、内容のある深い話が書きたくて、日常のこととか自分が思っていることなどを書き溜めていました。

普通では想像がつかないような、ちょっと変わった学校と私の学園生活ですから、卒業後の進路もあまり考えていなかったし、ともかくエンジンがかからないまま時間が過ぎていきました。

3年生の、それも11月ごろになって、進学のためには「塾や予備校も考えた方がいいの

かな」とは思ったのですが、「学校のお金と塾のお金が同時にかかるようでは大変なんじゃないだろうか」「やっぱり1個ずつの方がいいよね」と先送りにしていました。

シュタイナー学校では卒業するときに、卒業劇とか卒業研究発表みたいなものがあります。その準備もあるので受験勉強などやっている余裕もなくて、「とにかく学校を終わらせて、それから受験勉強を始めようかな」と思っていました。

――新たな出会いを求めて大学へ行きたい

「進学したい」「大学へ行きたい」という思いはありました。在学中は先生になることへの憧れもあって、東京学芸大学の教育学部も考えたのですが、国立大学は受験科目が多いので、「ちょっと多すぎるなー」と私立大学志望になりました。

その後、私立大学の文学部を目指すことにしたのですが、早稲田大学の教育学部についても、「教育というより文学をやっている」という話や、教職を取らなければ文学部のようなイメージだし、先生にならない人も結構いるという話を聞いて、志望しました。

実は、私の母は普通の学校の先生で、社会の決まった仕組みの中で仕事をしていて、か

たや私はシュタイナー学校という自由な雰囲気の学校で学んできました。

私を小学校から高校まで見てくれたシュタイナー学校にはシュタイナー学校としての魅力があって、そこの先生に憧れている反面、小さいシュタイナー学校ではなくて、一般的な日本の教育についても興味があります。

ドイツ系のシュタイナー学校では、「国語教育があまり重視されていないのかな」と思う部分もあるし、学費もかかるし、特殊だから合わないという子もいます。だからみんなを受け入れられるわけではないのですが、それぞれの良さの融合を図ることにも興味があります。

それはともかく、今まで通っていたシュタイナー学校は1学年が20人ほどの小さな学校です。だから12年間、クラス替えもありません。12年間、ずーっと一緒にいると、クラス中のみんなが似てくるような感じもあります。

早稲田大学を第1志望にしたのは、早稲田大学ならばいろんな人に会えると思ったからです。学部もいろいろあるし、さまざまな進路を目指す人もいるし、いろんな出会いがあると思います。

早稲田大学のオープンキャンパスにも行きました。そのときに対応してくれた在学生の方は文化構想学部の学生さんだったのですが、生き生きとした印象の方で、「ゼミが楽しい」と話していたのが魅力的でした。

——何から手を付けていいのか分からない

受験勉強とは無縁のシュタイナー学校です。大学への進学を志したものの、何から手を付けていいのか分かりません。それもすでに入試直前期の高校3年生の11月になっていました。

受験対策のために何をやっていいか分からなくて、とりあえずセンター試験の赤本を解いてみました。

世界史なども、ともかく解いて解説を読んでみたのですが、過去問って当然のように順序どおりに出てくるわけではありません。バラバラに知識が入っても実戦の役には立ちません。

現代文なども、なんとなく解いたのですが、古文、漢文の文法はほとんどやったことが

なかったので、異常なほど時間がかかるだけです。英語も発音のアクセントから解き始めて、センター試験ってこういう問題が出るんだなと、なんとなく繰り返して解いていました。

やはり塾に通った方がいいのかなと思い、ネットで次々と塾や予備校を検索して資料を請求しました。そのときに一番最初に電話をいただいて、無料受験相談に誘ってくださったのが武田塾立川校の小泉さんでした。

無料受験相談で相談に乗ってくださったのも小泉さんです。志望校合格のためのルート（志望校別にどの参考書をどのレベルまでやらなければならないかを一覧にした表）についても教えていただいたのですが、そのときに「大学に受かった子から夜中に電話がかかってきて」だとか「泣きながら電話をかけてくる子だっているんだよ」など、本当に親身になって、それも生き甲斐というかやり甲斐を感じてやっている人だと感じました。

だからでしょうか、そのあとあちこちの塾や予備校を回ったのですが、浪人が決まったあとにもう一度武田塾を訪ね、入塾を決めました。

もちろん小泉さんの熱意もさることながら、武田塾ならば自分のペースで勉強ができると思ったのです。それでなくても慣れていない大きな集団の中で授業を受けても、自分のやりたいことと違ったらいらいらしてしまうのが目に見えていました。

受験勉強は、人それぞれに現在の力量も、得意科目や不得意科目も、志望する大学だって違うのですから、みんなと一緒にやっても「そこはいいよ」と思ったり、「ちょっと待ってよ」と思ったりすることが多いのではないでしょうか。

――難し過ぎる過去問に、早稲田はないと思った

現役のときは、何から手を付ければいいのかさえ分からなかった私です。武田塾に入って、基本的なところからやり始めました。

英語だったら主語・動詞・目的語をテキストで、何回も何回も解くところから始めました。「ちょっとめんどくさいな」と思いながらも、繰り返しやっていくと、リズムみたいなものがつかめてきて、順序立てて基礎を固めることができました。

もちろん成績は、すぐには上がりません。模試を受けても全然点数が取れません。シュタイナー学校では偏差値なんて考えたことがなかったので、「まー、やったことないし、

しょうがないかなー」みたいに思っていました。それでも武田塾で出される問題を、どんどん解けるようになっていると実感していました。

武田塾に入る前、センター同日体験模試というのを高校3年生のときに受けて、偏差値は48・5でした。それが少しずつ上がって来たのですが、「まだまだだよね」と思っていました。「ちょっとずつ上がっているな」と思いながらも、漠然と「まだまだ全然届かないだろうな」と思っていたのです。

現役のときにも一応、早稲田大学と明治大学は受けました。でもそれまで特に勉強したわけでもなかったし、過去問も一切解いたことがありません。

それでも明治大学の問題は、現代文なども読んだら分かったので、1年間勉強すれば「不可能じゃないのかな」と思いました。でも早稲田大学の問題を見たときには、これは全く歯が立たないと感じました。こんな問題が出るようじゃ、早稲田大学はとても無理だ……そう思ったのです。

そのあと浪人して、武田塾で勉強するようになって、夏ぐらいには駿台模試で明治大学

はB判定です。「やったー！」と思ったのですが、その直後の河合塾の模試ではC判定です。「よく分かんないなー」と思いつつも、模試で一喜一憂せずに、武田塾で毎週の宿題をやったあとに出される確認テストで80点以上を取り続けると決めて頑張りました。

武田塾では毎週新しい宿題が出されて1週間後に確認テストの繰り返しです。ギリギリ80点台ということもあったのですが、「絶対80点以上は取る」と決めてやっていました。

――両親からは勉強し過ぎだと注意された

武田塾で一番良かったことは、自分のペースでやれることと、先生たちの面倒見がいいことです。

無料受験相談のときに「泣きながら電話をかけてくる子もいるんだよ」と小泉さんから聞いていたのですが、私自身が泣きながら小泉さんに電話したことも、何度もありました。

私はすごく心配性なのですが、小泉さんや講師の先生たちに相談すると、そのたびに「大丈夫だよ」「キミは本当に、よくやっているから」と、やっていることを肯定してもらったり、褒めてもらったりしました。

自分のペースでできるのはすごく良いことです。私はぐーっと入り始めると抜けられな

いので、途切れることなく集中してやることができたり、ここが重点だと思ったことに力を注ぐことができたりしました。

それも、校舎長や、教務の方、担当講師の先生方がよく見ていてくれて、一生懸命やっていると必ず褒めてくれるのです。「よくやっているから大丈夫だよ」と言ってもらうことも多くて、励みになりました。

武田塾に入って1~2か月過ぎた最初の面談のときに、「大丈夫、これなら伸びるよ」「毎回の確認テストで80%以上取ってるね」「これはすごいことだよ」「これなら絶対伸びる」とすごく褒められて、そこからエンジンがかかって、ギアチェンジができました。

これはやらなきゃと思って、その後も毎週の確認テストで80点以上を取り続けたのですが、その都度「今回もすごい頑張ったね」と毎回、毎回認めてもらえることが自信につながったように思います。

もちろんそれがプレッシャーにもなったのですが、この信頼を裏切るわけにはいきません。それがやる気と自信の源泉になりました。

ときには頑張りすぎて、教育者である母からも「ちょっと頑張りすぎじゃないの」「少

しは休まないとだめだよ」と言われることもあったのですが、武田塾で得られた最大の成果が、苦しいはずの受験勉強への〝やる気〟、モチベーションの維持だったように思います。

――苦手科目は現代文だったのですが

高校時代は文芸部に入って小説を書いていたのですが、なぜか苦手科目は国語、それも現代文です。シュタイナー学校がドイツ系なので、日本語の国語が疎かになっていたわけでもないのですが、国語の授業に出てくるような現代文に接する機会はあまりありませんでした。

文章らしい文章を読む機会が少なかったために、抽象度の高い文章を目にするとチンプンカンプンで、何を言っているのかさっぱり分かりません。

だから担当講師の先生を、「何が書いてあるんですか？」「どういう意味ですか？」「これは何を指しているんですか？」と質問攻めにしていました。講師の桜井先生も「この段階で言っていることはこうで……」「次の段階のここではこのように書いてあるでしょう」といった風に、毎回結構長い時間をかけて説明してくれます。それこそ1時間以上か

けて説明してもらうことも稀ではなかったのです。

入試直前期になると現代文もだいぶ読めるようになっていたのですが、「全部理解しようとし過ぎているよ」「全部理解するのは無理だから、まず解き方をマスターしなさい」と言われました。

「設問の答を導くだけでいい」「全部解釈しなくていいんだよ」「問題が解ければいいんだからね」ということでしょうが、でもそれはどういうことかと思って、いろんな先生たちに「先生ならば、どう解きますか？」と次々質問しました。

それぞれの先生からいろんな答が返ってくるのですが、それを繰り返しているうちに、現代文の成績も上がっていったように思います。

センター試験対策では、とにかく過去問をやりました。それまでに参考書を繰り返して、だいたいの問題の解き方は分かっていたので、センター試験の過去問、赤本を何度も解きました。

特に私の場合は、解答を考えるのに時間がかかりすぎて、時間内に終わらないことが課

題だったので、捨てる問題は捨てて、解ける問題だけを解くことを繰り返し練習しました。

そのように悪戦苦闘したのが国語、特に現代文だったのですが、最初に読んで感動した参考書が『きめる！センター現代文（学研マーケティング）』です。

まるで公式のように現代文の解き方を教えてくれます。小説も「ここに出来事があって」「ここで心情が動いて」「ここでまた動作が入るんだよ」みたいな公式、基本のようなものがあることを知って、「へーっ！　そういう解き方があるんだ！」と感動しました。

それからというもの現代文で詰まったときには何度も読み返して、現代文の中で「出来事が起こって、心情が動くから、動作が起こるでしょ」といったように区分して、「あー、そういう風にできているのか」と理解するようにしました。

――好きな世界史はもちろん英語もやっていて楽しくなった

好きな科目は世界史です。一つひとつに物語があるというか、資料集を見ているだけでも楽しいし、挿絵なども楽しいのです。世界史にはドラマがあるので、気分転換のためにも世界史です。

私が使った参考書『オンリーワン世界史完成ゼミ（代々木ライブラリー）』には、さまざまな大学の過去問が入っています。

最初は難しくて、今までやってきた世界史の勉強では全然太刀打ちできなくて焦りました。でも、この参考書を何度も繰り返しやって、そこに載っている解説を読んでいると、だんだん物語が自分の中に入って来るのです。

次々と予備知識や出来事の背景の知識も身に付き、必要情報を暗記しやすくなります。

もう一つの受験科目、英語の学習のために重点的に取り組んだ参考書が『やっておきたい英語長文３００（河合出版）』です。何度も同じような長文の問題を解いていくのですが、それまでは単語とか短いセンテンスの勉強しかしていなかったので、最初は英文を読むこともできず、全然解けません。

それでも何度も何度もやっているうちに、「あっ、英文ってこんな風に読むんだ」って分かってきて、すごく楽しくなってきます。

今までやっていなかったことをやって、「あー、そういうこと」って分かることが楽しいのです。

——すべて順調とは言い切れないのですが、頑張りました

勉強の場所ですが、最初は家の方が静かなのでいいと思っていたのですが、一人で家に籠もっていると閉塞感に襲われます。それに比べて武田塾の自習室だと、疲れたら息抜きもできるし、先生に質問しに行くこともできます。塾で友だちができるってあまりないと思うのですが、私の場合は友だちもできて、一緒にお昼を食べて、気分転換をしていました。

家から塾まで近いのですが、歩いている間にも英語のＣＤなどを聴いていました。『システム英単語（駿台文庫）』に付いている英単語のＣＤや古文の音声をダウンロードしたり、世界史も音声をダウンロードしたりして聴いていました。『青木裕司世界史Ｂ講義の実況中継（語学春秋社）』にもお世話になりました。

スランプは主に現代文の勉強や英語の勉強で経験したのですが、講師の先生たちはごく最近受験を経験した大学生の方が多いので、「先生の場合はどうやりましたか？」と質問攻めにしました。

実は、一人でも多くの経験者に聞いて、武器のようにいろんな方法を身に付けるというか、いろんな先生に何度も聞くことによって、どれがいいとかじゃなくて、いろいろあることを知っておきたかったのです。

そうすれば、いざとなったときに「この方法もある」「あの方法もある」「こっちもできる」「こっちだってできる」という風にいくつもの選択肢を手に入れることができます。

それでも精神的に「私、もうダメ」となったときは、前出の小泉さんに電話していました。これは私だけじゃなく、受験生にとっては小泉さんが最後の砦のようなものです。泣きたいときには泣くのですが、一人で泣くのでなく、やはり小泉さんに電話して泣くことが一番多かったので、「申し訳ないなあ」と思いながらも、やっぱり電話していました。

その電話番号は、最初に教えてもらっていました。毎回のように「深呼吸して」と言われて、「泣くとパニックになるので、まず落ち着こう」と言われていました。

あとは寝不足になっちゃうことも多かったのですが、そのときはもう本当に寝ることし

か解決方法はありません。特に入試直前期には、夜9時から10時には寝ていました。なるべく早寝して、翌日の朝から頭が回るように心がけていました。

やはり受験日が迫ってくると不安になるものです。そのときはいろんな人とペラペラ話して気を紛らわしたりとか、「ここが不安なんだよね」と友だちにも話しかけていました。

――早稲田へ進学しましたが明治も行きたかった大学です

お父さんは私が合格した大学の受験番号の宝くじを次々買って、内緒ですが相当すったみたいです。お祖母ちゃんは、早稲田大学に受かったと聞いて号泣したそうですが、伝えたのがお父さんだったものだから、私は目撃していません。

その早稲田大学の合格発表ですが、なぜか私は見落としてしまって、「やはり明治大学に行こう」と思いながら駅前を歩いていました。念のためにスマホで合格発表を見直したら「あれー、あるぞ」「ほんと？　なんで？」「えー、受かっちゃったー」と、改めて合格を知りました。

明治大学もいい大学なので、明治大学に受かったときは有頂天でした。さらに早稲田大学合格ですから、喜びも2乗です。正直なところ、早稲田大学に行こうか明治大学にしよ

うかと悩みました。

この原稿をまとめる時点では、すでに早稲田大学生になっているのですが、周りの人たちはみんな優秀で圧倒されています。その早稲田大学には星の数ほど多くのサークルがあります。サークル巡りをしているだけでも目が回りそうで、まだどこにも入っていません。

早稲田大学は演劇が有名なので、演劇に挑戦してみたいという思いがあるのですが、演劇部の練習ってすごくハードだと聞いています。「演劇部に入ったら、勉強している時間なんてなくなるぞ」という話も聞いているので悩んでいます。

でも、授業にも演劇の鑑賞などあって、演劇専攻でなくても取れるので、やりたいことはなんでもできるようです。

――これから受験される皆さんへのメッセージです

最後にこれから受験される皆さんへのメッセージです。

私は、最初は塾に通うより通信教育などで勉強しようか、それとも宅浪にしようかと考えていました。

でも、たぶんそれでは続かなかったと思います。武田塾で提示された『ルート』に沿っ

て、毎週の課題を宿題の形で提供してもらい、さらに1週間後には習熟度の確認テストがあったので、一歩一歩志望校合格に近づくことができたのだと思います。

受験生が不安なのは、自分の現在の到達点が分からず、今やっている勉強法で大丈夫なのかと確信が持てないからではないでしょうか。特に私の場合はシュタイナー学校という、大学受験には無縁の学校を出ています。

武田塾では『ルート』と称する「志望校合格のためには、どの参考書をどのレベルまでやらなければならないかを明示した表」があります。さらにその『ルート』に基づいて1週間の宿題が出されて、1週間後には習熟度をチェックするための確認テストが出されます。

このように指示されたとおりに毎週やればいいだけなのですが、それでも不安は残ります。泣きながら電話したり、「なんで?」「なんで?」と講師の先生たちを質問攻めにして困らせたりと、いろいろありました。でも、だからこそ、早稲田大学にも明治大学にも合格できたのです。

やはり自分にふさわしい塾や予備校を見つけて自分の受験勉強スタイルを確立することも大切だと思います。

皆さんの頑張りを心から応援しています。

担当教務より

教務担当：上野雄太（立川校校舎長）

志望校選択へのアドバイス

志望校は彼女が最初から決めていたので、あまり特別なアドバイスはしておりません。「合格できますか？」とは聞かれたので、「正しい方向で正しいやり方で、十分な努力が出来れば」と伝え、「正しい方向と正しいやり方は私たちから提示するのであとはやり切れるかどうかだけだ」と話をしました。

生徒の性格、勉強法の問題点

とても真面目で、几帳面な性格の生徒でした。現役時勉強を全くしていなかったということもあり、基礎部分から徹底的にやり直しましたが、彼女自身それをしっかりと自覚したうえで、丁寧に基礎学力の定着を行ってくれました。この年代の生徒に多いのが、周りと自分を比べ、基本的なところから取り組むことにどこか羞恥心を抱き、またそれが自分の志望校のレベルと合っていないことから焦り、基礎を疎かにするタ

イプです。その結果、基礎のないままに志望校の勉強に入り、やっていることは志望校の勉強なので、なんだかやっている感はでて、それに満足し、合格出来ないということが多々あります。彼女は、自分のレベルを素直に理解し、志望校との差をいかに埋めるか、そこに貪欲でした。その時々のプライドではなく、やっていくこと、やっていることにプライドを持って、勉強をしてくれたことが逆転合格できた理由だと思います。

受験勉強指導の重点ポイント

基礎から始めたこともあり（最初は本当に中学レベルからでした）、一番に意識したのはスピード感と、理解の定着度です。カリキュラムを組む時点で、志望校も高いところに設定していましたので、年次計画から中期目標、短期目標といった具合に全て可視化し、今からやることがどこに繋がり、どのように成績として反映されてくればいいのかを、確認してもらいました。

それに対しても彼女は目を背けることなく、自分に厳しく進めてくれました。1日12時間くらいは毎日勉強してくれていました。毎回宿題もしっかりやってくれました

し、テストも当たり前にほぼ満点でした。

こういった生徒で陥りやすいのが、勉強は進められているが、やったことが定着していないという問題です。しかし彼女は自分が完全に納得できないと次に進めないいくらい真面目で、納得ができ、またそれがちゃんとアウトプットできるまで進めてくれました。1年間で彼女の質問対応が一番多く、内容も濃かったと思います。このスピード感の中でもしっかりと成績に反映させることができる学力の定着ができました。

途中経過と指導法の改善点

前述のとおり、真面目な性格のため、大学受験に必要ではない箇所にまで気をとられ、そこで延々悩んでいたことがありました。実際掘り下げればいくらでもそういった部分はあるのですが、やはり目的は大学受験で合格することなので、そこは目的をぶれさせず、共通認識を持って進められるよう、よく話をしました。

生徒の変化と指導上の留意点

夏前あたりから、基礎も定着し、勉強スタイルも確立し、自分で勉強が進められる

状況が出来上がりました。浪人生において大変重要な部分がまず完成したところでした。

全生徒に当てはまる話なのですが、夏あたりからモチベーションが一気に下降します。彼女も少なからずそういった時期があったと思うのですが、そのとき良かったと思うことが周りに一緒に切磋琢磨できる人がいたことだと思います。

立川校として指導で意識していることに、夏前までに①基礎を定着させること②学習習慣と生活習慣の面でスタイルを確立させること③ともに切磋琢磨できる良い関係の繋がりを作ること、があります。

そのために毎年５月に「お昼ご飯イベント」、夏に全体でＢＢＱを開催しています。友だちを作ってほしいのではなく、この１年間を過ごすうえでお互いがお互いを頼ることができ、情報共有ができ、気持ちを共有できる人がいることはかなり大きなメリットになります。

いろんな意見があるでしょうが、立川校では推奨しています。彼女も、毎日決まった時間に一緒にお昼ご飯を４人の友だちと食べていました。そのときにいろんな話をすることが１年間一番のリフレッシュだったとも言ってくれました。

受験直前期対策と合格のための選択

受験直前、彼女は私たちが心配することはないくらいに、万全の状態を学力的に積み上げてくれました。模試や、過去問の様子をみても何も問題ない状態でした。しかし、それでも精神的にはかなり堪えており、教務・講師だけでなく、オーナーの小泉までも話をしながらサポートをしていきました。

志望校決定の際は、成功体験を作ることで大学受験に弾みをつけられればと思い、センターも一般も、滑り止めの大学をしっかり予定に入れていきました。結果全て合格してくれましたが、この段階的な計画がリズムを作ることのできた一つの要因だったと思います。

これからの大学生活に期待すること

これからやりたいことがたくさんあるのだと、合格後に手紙で感謝の気持ちとともに私に綴ってくれました。大学合格がゴールではなく、あくまで出発点であることなど、彼女は分かっているので、これから彼女の興味関心に従って、まっすぐにいろんなことに挑戦してほしいと思います。

今回誰が彼女が早稲田大学に合格することを想像できたか。きっと最初から、本当の意味で想像出来ていたのは彼女だけだと思うのです。想像できることが才能だ、と生徒たちには皆に伝えています。さまざまなものに出会い、刺激をうけ、そしてそこから広がる自分を想像し、創造することに挑戦して欲しいと思います。

合格体験記 2

待ってろよ、すべての商学部の最高峰、一橋大学商学部

英語の偏差値40→69、E判定からの一橋大学現役合格

棚橋龍一《たなはしりゅういち》
現役合格

武田塾大井町校（東京都）
コース：個別管理特訓L（英語、数学）

合格した大学

一橋大学商学部／慶應義塾大学商学部（A）（太字が進学先）

略歴

私立芝高等学校（中学受験で入学　偏差値60）

最寄り駅は神谷町。首都圏の方はご存じですが、霞が関と六本木の間のハイソサエティな人たちの多い地域です。そのような土地柄からなのか、凄いお金持ちのお坊ちゃんもい

ました。

中高一貫の男子校ですが、自由な校風で、みんな温厚な感じの学校です。制服は昔ながらの学ランで、中学生のときは「これって戦前から使っているの？」というような白いバッグを持ち歩かされるので、芝校生って一目で分かります。電車の中で幾度も「芝校生？」って声をかけられました。ここまで目立てば、何も悪い事が出来ません。

中学入試も大学入試も逆転合格です

あとで説明しますが大学入試は土壇場での逆転合格です。実は中学入試でも偏差値35からの大逆転合格でした。今までの人生で2回も逆転合格しちゃったので、運を使い果たしていないか心配です。

そんな僕ですが、天文気象部という地学系のクラブと料理部に入っていました。それ以外でも中学3年生から高校1年生までは学園祭の実行委員をやったり、高校2年生の学園祭ではバンドをやっていました。大学生になった今も趣味のドラムを続けるために軽音楽部に入って、それ以外にもバレーボール部に入っているので、相変わらず掛け持ちで楽しんでいます。

志望大学と受験科目

志望校を選んだ理由

将来やりたい職業として経営コンサルタントを考えています。その仕事に一番近い学部は何かと考えたときに、経済学部よりは商学部の方が向いていると思えたのです。

その商学部で調べたら、偏差値が一番高かったのが一橋大学です。東京大学とか京都大学には商学部がなくて経済学部しかないのです。商学部の最難関、最高峰が一橋大学だったので、「ヨッシャー、てっぺんを目指すぞー」と意気込んでいました。

受験科目

英語、数学ⅠＡ・ⅡＢ、国語（現代文・古文・漢文）、世界史

さらにセンター試験では、物理基礎と地学基礎です。

得意科目と苦手科目

得意科目：数学と世界史

数学は英語と違って、理解すれば解けます。「なに言ってんだ、こいつ」みたいな難しい問題もありますが、1回理解してしまえば、そこから解けるようになります。次々と積み重ねていけば、数学では他の問題にも応用出来るので、少しずつ解けるようになります。

世界史については、自分はそこそこ暗記力がいい方だと思っているので、暗記しちゃえば解けるようになります。そのようにして解けると、またやる気も出てきます。

苦手科目：英語

数学や世界史と違って、いくらやっても先が見えません。毎回違う文章が出てくるので、次々と知識は増えるのですが点数に結び付きません。知らない単語も出てくるし、なかなか解けなかったので、モチベーションが保てない科目でした。

武田塾と受験勉強

武田塾との出会いと入塾したわけ

高校2年生の秋に部活を引退して、「取り敢えず塾を探すか」といった気分になって、大手予備校や塾を次々に回りました。でも駿台などに行ったら周りのレベルが高過ぎて、「こりゃあマズイ、これじゃ追い付けない」って感じでした。「こんなレベルの人たちと競

わなきゃいけないのか」と思って、効率良く勉強出来るところを探すことにしました。

武田塾への受験相談と体験入塾のあと、「ここに賭けるしかないか」みたいな感じで武田塾に入ることにしたのです。すでに高校2年生の11月になっていました。

武田塾での日々と受験勉強

武田塾に入ったら、毎週の宿題の量がえげつないぐらいに多かったので、それをただひたすら解いて、確認テストで合格点を取ることを目指す日々でした。

それでなくとも凄まじい宿題の量ですが、「一橋大学を目指そうかな…」と呟いたために、それでなくとも多い宿題がさらに増えて、地獄の日々が始まりました。

勉強量が増え、毎週毎週凄い量の宿題を出されて、1週間後には確認テストの日々です。だから毎週、それだけの量の宿題を終わらせるように、効率良く勉強するようにもなりました。

量をこなしたからこそ、効率のいい勉強法も身に付いたと思います。宿題の量の多さが、逆に質を上げる勉強法に繋がったみたいな感じです。

私の日常生活と勉強

高校2年生の秋に部活を卒業して、それから武田塾に入って受験勉強を本格化したので、受験勉強に取り組むための区切りはハッキリしていました。通っていた武田塾も歩いて10分、自転車だと5分という近さだったので、自習室に通うにも効率が良くて、隙間時間の利用法など考える必要もなく、勉強に取り組めました。

家ではほとんど勉強したことがないので、親からは最初から最後まで「ホントに勉強しているの?」と疑われました。実は「出来るだけ家には帰らない」ことを基本にしていたのです。家には娯楽がたくさんあるので、スマホも家に置いたまま、学校から武田塾の自習室への日々です。

自習室が開くまでの間はカフェで勉強したり、学校の自習室を使ったりすることもありました。

私のお薦め参考書、ベスト3

①数学Ⅰ・A標準問題精講、数学Ⅱ・B標準問題精講(旺文社)

隅から隅までやり尽くしたと言える参考書です。これをやったからこそ数学の成績が上

がったと思っています。すべての範囲を網羅した参考書で、しかも問題の質も高いので、この標準問題集のこの解法を使えば、この問題を解けるということが次々と出来ました。

②合格へ導く英語長文Rise読解演習4．最難関編（Z会）

武田塾のルート（志望校合格のために参考書のどの部分までが必要かを一覧にした表）には載っていないのですが、武田塾の本棚にあったのでやってみたら、それが良かったという参考書です。受験直前の高校3年生の10月ぐらいから使い始めました。

すでにルートに載っている参考書をすべて終えていたのでやってみたのですが、僕が分からなかったことをきちんと解説してくれていて、痒いところに手が届くというか、みんなが分かりにくくなるところを解説してくれる参考書だといえます。

③英単語ターゲット1900（旺文社）

最初から最後まで、それこそ受験日当日まで見続けてきた参考書です。この本のお陰で英語でもちゃんと点数が取れるようになりました。だからこの本のお陰で受かったと言っても過言ではないと思います。間違ったところには書き込みをして、何回も間違えたとこ

ろは何度もやり直して、間違いを潰していきました。

合格体験記――棚橋龍一

――受験勉強は高校2年生の秋に始まった

プロフィールにも書いた通り高校2年生の秋、部活を卒業してから受験勉強を始めました。武田塾に入塾したのは11月ですが、そこから本格的な受験勉強が始まったといえます。

その前にも他の予備校や塾も調べていました。駿台予備校の夏期講習などにも行きました。自分が受けたかった大学が結構難関大学だったので、夏期講習ではそのようなクラスに入ることになります。それこそ夏期講習だとクラス分けのテストもなく、志望校別でそれぞれのクラスに配置されるのです。

そんなクラスに入ると、「なんだー、このレベルの高さは……」「こんなに早い授業に付いていけるわけないよ」「こりゃマズイ、何が何だかさっぱり分からん……」といった状況です。授業のスピードは速いし、内容は難しいし、何を言っているのかさっぱり分からないので、授業中には猛烈な睡魔が襲ってきます。

もちろん浪人生も多かったので、高校2年生の僕など太刀打ち出来なかったのですが、こんな予備校に入っても付いていけるわけがないと実感しました。河合塾マナビスの映像授業だって、やはり睡魔に襲われるだけです。映像授業イコール睡魔との闘いに終始するだけで勉強になりません。

一方で武田塾についてですが、最初に知ったのは新聞の折り込みチラシです。一人だけ武田塾に行っている友だちがいたのですが、「へー、武田塾に行ってんだ!」「講師の先生たちも結構いいよ」と言葉を交わしたぐらいです。まだ受験についてあまり考えていなかった時期なので、軽く聞き流していました。

部活を卒業した秋、10月の初めになって、予備校探しの一環として武田塾の無料受験相談を受けました。夏休みに駿台予備校の授業に付いていけなかったという経験もあり、武田塾の勉強法、自分に合った参考書を使った勉強の必要性も感じていたのです。

――たった1週間の特訓なのに、なんで……

無料受験相談のあと1週間の体験特訓を受け、その直後に駿台の模試がありました。

実は体験特訓で英単語をめちゃくちゃ覚えたのです。それで駿台模試を受けたら、これ

までまったく読めなかった長文が、「すげー、知ってる単語あるじゃねー」みたいな感じで解けるのです。

１週間で３００語くらい覚えたのですが、そのときに「あれ?」って、「たった３００語覚えただけなのに、こんなに知っている単語が出てくるのか」と驚きました。

単語帳って、最初の方に試験によく出る単語が多いこともあって、本当に読めるようになったわけではないのですが、読める雰囲気がしてきました。そのときの成績が偏差値40くらいなので、いつもとほとんど変わらなかったのですが、これなら読めそうだという気配がしたのです。

「これならいける」「この調子で勉強すれば難関大学だって不可能じゃない」「こりゃ武田塾に託すしかない」といった気分になりました。その後、両親とも相談して武田塾に入り、本格的な受験勉強を始めました。

――これならいけそうと、どんどん夢が膨らむ

それ以前にも高校で駿台の全国模試を受けていました。

武田塾に入る前、高校2年生の秋までの偏差値は40くらいってとこです。ちょっと良か

ったら45に行くこともありましたが、低いときは35くらい。
国語ではときどきまぐれで50が取れることもありましたが、英語と数学では50を超えたことがなかったのです。それなのに、武田塾の体験特訓の効果が劇的だと感じたために、一気に弾みがつきました。

武田塾に入塾して4か月目を迎えた高校2年生の2月にセンター模試を受けました。それまでは英語が１００点ぐらいだったのですが、一気に１４０点獲得です。数学も40点から50点ぐらいだったのが、70点も取れました。

たぶんその頃に、センター試験対策の基礎的な部分が少しずつ固まってきていて、模擬試験の問題も解けるようになってきていたのだと思います。それでも短期間でそこまで実力が付いてきたことで、一気にモチベーションがアップしました。さらに勉強時間を増やすことにもなり、好循環が生まれてきました。

——将来の夢と、そのための志望校

高校2年生のときに学校で、ＯＢの人たちが自分の従事している仕事の説明会のような

ものをやってくれました。その中に外資系企業の経営コンサルタントの仕事をしている人がいて、凄く激務だけどやり甲斐があるように感じたのです。いかにも頭が良さそうな人だし、話の中身も凄かったので、その人に憧れを感じたということもあります。

他にも、うちの姉と凄く仲のいい人がいて、僕も良くして貰っていたのですが、その人がアメリカに留学してからボストン コンサルティング グループに入ったと聞いていました。そんなこともあって、将来は経営コンサルタントの職に就きたいという思いが深まっていきました。

実は最初の志望校は、横浜国大でした。志望した理由は名前がカッコイイからです。「取り敢えず横浜国大を目指すかー」ってノリです。

それが前述のように高校の先輩の話を聞いて経営コンサルタントを目指したいと思ったことや、商学部で一番優秀な大学（商学部の偏差値の高い大学）を調べたら一橋大学だったことで、一橋大学の商学部を目指すことになります。もちろんその背景にあるのが、武田塾に入ったら思いのほか成績が上がり出したことです。この調子で頑張れば、一橋大学の商学部も夢じゃないと思い始めたのです。

と、そこまではいいのですが、「一橋大学を目指したいかなー…」と武田塾の教務の方に軽く相談したら、「それじゃ、もっと勉強量を増やさなきゃ」という話になって、それでなくとも多い宿題がさらに増えて、地獄の日々が始まりました。

――ここしかないと思った一橋大学の佇まい

一橋大学は国立駅（こくりつ駅じゃないですよ。JR中央線の〝くにたち〟駅です）の正面の大きな通り、大学通りを歩いてすぐのところにあります。

高校2年生の夏のオープンキャンパスのときに行ったのですが、緑に覆われていて、ゴシック調の明治か大正のころに建てられたような建物が立ち並んでいます。「すげー！この大学って凄いじゃん」と呆気に取られるほど、他の大学とは格の違いを感じさせられるような荘厳な佇まいです。

国立（国分寺と立川の間の街という意味で名付けられたそうです）というオシャレな街とも一体化して、凄くキレイで緑豊かで、まるで一幅の風景画のような景色です。

それが、オープンキャンパスで訪れたときは、遥かな雲の上の存在でもあったのですが、

それから半年もしないうちに、なんとはなしの手応えを摑んだことと、追われまくられるような凄まじい宿題の量と毎週の確認テストの日々によって、単なる夢ではなくなっていきます。

毎週毎週、「これでもか」「これでもか」というほど出される宿題と格闘して、1週間後に行われる確認テストで合格点を取り続けさえすれば、あの一橋大学でのキャンパスライフが実現するのです。

それも担当講師たちは、今まさに僕が目指している一橋大学の学生さんたちだったのです。ここまで来れば迷うことなく、武田塾のルートに沿って邁進するしかありません。

――武田塾での勉強の日々と憧れの先輩

志望校を一橋大学と書いて出した模試の結果は、すべてE判定でした。受験直前期の高校3年生の10月に受けた模試だって、当然のようにE判定でした。

だからその頃は友だちと「来年もよろしくね」「みんな駿台に行ってるから、一緒に駿台に行くかー」なんて浪人ジョークを交わしていました。でもその一方で、武田塾から出される膨大な宿題をこなして、毎週の確認テストで合格点を取り続けることに集中してい

ました。

毎週の確認テストでは、9割程度は取り続けていました。英単語系ならば9割から9割5分くらい、数学では計算ミスや自分が理解していなかったこともあったのですが、その都度講師の先生がフォローしてくれて、それで何とか合格し続けたといった感じです。

その講師のF先生ですが、先にも述べたように一橋大学の学生さんでした。「一橋大学を受験するなら、確率とか整数とかをもっと重点的にやった方がいいよ」と、確認テストが終わったあとでも「これ解いてみて」と他の参考書からも問題を持ってきてくれました。『基礎問題精講（旺文社）』をやっていたときにも、それに載っていないような問題の解法とかを探し出してきてくれて、「こんなのもあるんだよ」と教えてくれるのです。

今では僕も一橋大学生ですから大学の先輩になるのですが、頭はいいし、カッコいいし、運動神経抜群だし、さらにコミュ力抜群のF先輩です。そのような「こんな風になれたらいいな」と思える先輩が身近にいるのです。そんなF先輩に教わって一橋大学を目指すのですから、やるっきゃありません。

その講師のF先生が休みで臨時の先生になったときも、どの先生も頭が良くて、分かりやすい指導をしてくれました。校舎長もそうですが、どの先生もフレンドリーなのでアットホームな雰囲気なのが武田塾です。

夏期講習で行ったことのある駿台予備校は、誰一人話さないといった雰囲気で、中学受験のときに通っていた塾などとの格差を感じていました。「これが大学受験かー！」と思わせるほどのよそよそしさだったのです。だから武田塾に入ったときに、「こっちの方がオレに合っている」と実感したのです。武田塾の雰囲気と、今では「先輩」と呼べる講師の先生たちとの触れ合いがなければ、たった一人での自学自習なんて続かなかったと思います。

――スランプもあったけれど、常にマイペース

①受験準備期間中のタイムスケジュール：

6時半　起床

8時～午後3時　学校

4時～10時　自習室

午前零時30分　就寝

②受験直前期のタイムスケジュール‥

7時　起床

8時半〜10時　家で勉強

10時半〜夜10時　自習室

午前零時30分　就寝

高校2年生の11月に武田塾に入塾してからは、ほとんど変わらないタイムスケジュールです。ほぼ毎日、ただひたすら武田塾で出される宿題と格闘していました。

そんな僕ですが、当然のようにスランプも経験しました。高校3年生になった直後の4月から7月までの間、僕の最大の苦手科目である英語の成績が遅々として上がらなかったのです。苦手科目を克服しない限り合格への道はひらかれません。そんな焦りもあって空回りしていたようです。

その頃、ちょっと英単語を疎かにしていたようにも思います。武田塾に入塾した直後から英単語を血まなこになって覚えたので、もういいだろうと思っていたのです。そのため

にせっかく覚えた英単語がポロポロと抜け落ち始めていたようです。

「こりゃ、ヤバイ。もう一度基礎固めから始めなきゃ」と、夏休み中に単語帳をバリバリ使って基礎固めです。それまでも毎日長文を読み続け、英文法と解釈の勉強も怠りなかったのですが、一番重要な英単語が抜けていたのです。

しかし幸いなことに英文法や解釈の勉強も一通り進めていたので、改めて英単語を覚えなおしたことによって、英語の成績も上がり始めました。河合塾の全国模試でも偏差値が69ぐらいにまで上がりました。

――苦手科目の克服と個別試験対策

苦手科目は英語です。体験特訓で英単語を覚えたら、その直後の模試で知っている単語が次々と出て来て感動したという話も書きました。だからまずは英単語を覚えなおすところから始めたのですが、それに続けてやったのが1日1長文の勉強です。絶対、毎日1長文やり続けると決めて、勉強して復習して、また勉強して復習してという長文の勉強を毎日繰り返しました。

取り敢えず長文に慣れることから始めようと、夏休みなどは1日2長文を音読してから

解説を読み込みました。音読のスピードを上げる努力もやったし、復習には演習の2倍ぐらいの時間をかけました。毎日2長文やったのは、夏休みと冬休み、それと受験直前期が主ですが、時間があるときはひたすら長文読解に取り組んでいました。

普段でも、毎日1長文を解いて、復習して、音読してと繰り返していました。演習が30分だとしたら、復習に30分かけて、さらに音読に30分かけるといった調子です。

そして実際の試験へ向けての対策ですが、センター試験対策としては、国語と数学が独特な問題形式なので、そこは重点的に過去問10年分を2回解きました。理科はセンター試験だけなので、6、7年分を2周しました。また他にも河合出版などから出ている問題集などを使って演習を重ねました。

2次試験対策としては、一橋大学の英語の過去問20年分ぐらい、国語の過去問は10年分ぐらい、世界史は40年分ぐらい、数学は30年分を2周しました。一橋大学は、世界史と数学が特に難しい大学です。しかもその2科目が僕の得意科目です。ここで点数を取らなければいけないので、この2科目には出来るだけ多くの時間をかけました。

――一橋大学の出題傾向に慣れなきゃ

一橋大学の国語は、東大や京大に比べればそれほど難しくないので、いつも合格者平均点くらいは取れていました。だから問題形式に慣れることに重点をおいて、取りこぼしのないように何度も練習しました。

そして、苦手科目の英語です。合格の最低点ぐらいはギリギリ取れるようにやるしかありません。そのために8月くらいまでにＭＡＲＣＨレベルまでをほぼ完璧にしました。そのあとはずっと、過去問１：問題集１の比率で、常に過去問を混ぜ続けた演習問題への取り組みです。

担当の講師の先生、一橋大学のＦさんですが、過去問をすごく重視した指導をしてくれました。確かに一橋大学は出題内容が独特なので、他の大学の過去問などをやっても意味がありません。出題傾向が偏っているので、「ともかく過去問に慣れろ」といった指導をしてくれたのです。

例えば国語でも、現代文と近代文語文の入り混じった福沢諭吉の『学問のすゝめ』などが出題されるのです。現古融合というか江戸時代の古文調みたいなものが出題されるかと

思うと、ただ単純に古文の問題が出されることもあります。このように何についての対策が必要かというよりは、一橋大学の一種独特の出題内容に慣れておくことが欠かせなかったのです。

さらに同時に取り組んだのが、問題を解くスピードについてです。僕の場合、数学については ケアレスミスをやらない限り大丈夫なのですが、特に苦手科目の英語については音読を重視して、音読のスピードを上げる練習をしました。

――ところが本番でケアレスミスをやってしまった

本番でケアレスミスをやらかしました。数学は大問が5個あるのですが、4個は完答したとルンルン気分で帰宅しました。ところが合格発表の2日前に解答を見たら、「あれー、違くねー?」「やばい! またやっちゃったー」って感じです。

結果的には2完半くらいの成績ですが、幸いなことに一橋大学は1完でも受かるくらいの数学の難易度です。だから2完半取れていれば、平均か平均ちょい下くらいなので、2問完答と半分くらい取れたかなくらいなので、合計点で3完取れたくらいの感じかもしれ

ません。致命傷にならなくて良かったのですが、多分焦っていたんだと思います。

見直しの時間が10分か15分くらいあったのですが、長い解答だったので全部見切る時間がなくて、間違いそうだなと思うところを重点的に見ました。

実際そこで間違いが見つかったので、直してから先へ進んだのですが、その間違えた箇所の前にもう1個間違いがあったのに、気付かなかったのです。受かったから良かったものの、本番なので少しでも不足がないようにと思って、長く細かく記述を書いたために起きた計算ミスです。

でも、そこまで詳しく書いた記述に関しては良かったと思います。いつもよりは細心の注意を払って、ここで言葉遣いを間違えないようにとか、この命題とこの命題が同じようになっているか、みたいなことを1個1個確認しながらの記述です。

結果的には、そこまで丁寧にやりすぎたから数式の間違いに気付かなかったともいえるのですが、そうやって間違えても有り余るくらいにちゃんと勉強しておけば、点数が低くなっても合格することが出来ます。言い換えれば、合格最低ラインのクリアを目指す勉強

じゃなくて、それよりも上になるように勉強しておいたからこそ、このように間違いを犯しても合格出来るということを実証したようなものです。

――合格の胴上げ、晴れて一橋大学生

一橋大学の合格発表は、ネットと掲示板で同時発表です。数学でミスしたのに、それをクリアするくらいの勉強をしておいたから合格出来たなんて書きましたが、ミスに気付いたときのショックなんて、真っ逆さまに地獄へ叩き落とされたって感じです。

「やっちゃったー」「落ちたー」と思っていました。だから当然、掲示板に張り出される合格発表なんて、見に行く気にもなりません。「まー、確認だけはしとかなきゃ」とスマホで見たら、「えー！　なんでー？」「えー、受かってるー？？？」って感じです。それからは家の中をはしゃぎ回って家族と大喜びです。親から「一生に一度の思い出だから、合格発表を見てきたら」と言われ、発表からはだいぶ時間が経っていたのですが、一橋大学に行きました。

合格発表の掲示板の前で写真を撮っていたら、「合格したんですね」「こっちに来て」と声を掛けられ、アメフト部の人たちに胴上げされました。

「やったー！」、まさにフワッと天にも昇る気持ちです。

そして晴れて一橋大学の学生になったのですが、いろんな地方から、それこそ多種多様な人たちが集まっています。それも１学年が１０００人しかいないのです。東大だとその３倍の３０００人、早稲田などは１学年１万人もいます。だからすぐに誰とでも仲良くなってしまいます。軽音楽部に入っている、もろヤンキーって学生も、話すとめちゃめちゃ頭がいいなど、頭のいい奴って変な奴も多いので、つるんでいると退屈しません。

――憧れのＦ先輩を見習って武田塾で講師です

そして今、武田塾の講師になりました。これまた夢のような大転換です。武田塾の生徒から一瞬にして講師です。憧れのＦ先輩ほどのことは出来ませんが、自分に出来たことを一人でも多くの受験生に伝えたいと思っています。

受験勉強の日々は孤独で辛いものですから、誰でも一度は折れそうになると思います。

僕も何度も挫けそうになったことがあるのですが、自宅でなく自習室で勉強をし続けたことが良かったと思っています。

勉強が嫌になったとき、家だと勉強せずにゲームをしたり、テレビを観たり、ゴロゴロして時間を潰すことが出来ます。でも自習室に籠もっていると、何も出来ません。やる気がなくても、参考書を開いて眺めているだけでも、成績は上がらないけれど落ちないのです。もちろん勉強の質も大切ですが、取り敢えず量をこなせば質も上がってきます。

勉強の質は自分の努力と工夫で上げるしかありません。その努力と工夫ですが、やってみないことには最初から出来るわけがないのです。受験勉強は、ただひたすら量をこなすことから始めましょう。そうすれば自ずから効率のいい勉強法もあとから身に付くと思います。

と、生意気なことを言うようですが、心底やって良かったと思っているのです。何とかやり続けることができたお陰で、一橋大学生にもなり、武田塾のアルバイト講師も出来ています。そしてこの次は、将来の夢である経営コンサルタントへの道へと驀進《ばくしん》したいと思っています。そのための勉強法もまた武田塾で身に付いたように思います。

担当教務より

教務担当：久原 秀（大井町校校舎長）

志望校選択へのアドバイス

目標は高いほど良いので一橋大学を薦めました。

生徒の性格、勉強法の問題点

プラス思考で前向き、他の人の話をさえぎってでも自己主張をすることがあります。計画性があり細部まで行うのですが、1問1問をよく考えずに解き進めることがありました。

受験勉強指導の重点ポイント

少し焦らせることで、ルートを先に進める原動力にしました。

生徒の変化と指導上の留意点
生徒の変化：受動的な行動がなく、積極的に講師とともに高められるように変化しました。
指導上の留意点：ほめると手を抜くので、ほめすぎない、油断させないように心掛けました。

受験直前期対策と合格のための選択
直前対策：過去問のみ解き進めました。
合格のために選択したこと：受験校を一橋大学のみに絞って勉強していました。
（早稲田大学社会科学部、慶應義塾大学経済学部も受験予定だったが取りやめている）

これからの大学生活に期待すること
大学や武田塾講師として、さまざまな人と触れ合うことで人間的にも成長をして欲しいと思っています。自分の考えに縛られず、多くの人と意見交換をすることで、柔軟な思考を持って世界は広いことを知って欲しいと願っています。

合格体験記
3

単語・公式・語彙の三つを一から覚えなおして北海道大学合格

北の大地が転機となった浪人生活

徳《とく》味《み》高《たか》佳《よし》
既卒（二浪）

武田塾札幌校（北海道）
コース：徹底個別5教科7科目、特訓付きは英語、数学、他は宿題・テストのみ

合格した大学

北海道大学経済学部／中央大学法学部（太字が進学先）

略歴

私立攻玉社高等学校卒

創立155年を超える東京の中高一貫の進学校です。モットーは「誠意・礼譲・質実剛健」で、文字どおりそのままの男子校です。中学校入学時の偏差値は50～60、高校時代は

吹奏楽部に所属して、サックスのパートリーダーを務めていました。

東進ハイスクール→河合塾→武田塾

高校3年生の春から秋まで東進ハイスクールに通っていたのですが、あまり勉強していませんでした。一浪目は横浜の河合塾に通いましたが、ここでも勉強をしているふりをしていた程度です。そして二浪目に札幌の武田塾との出会いがありました。

志望大学と受験科目

志望校を選んだ理由

二浪目は札幌です。祖母の家があり、祖母と母が住んでいました。北海道大学のオープンキャンパスには行っていませんが、地元なのでキャンパスを見に行ったりしていました。キャンパスは凄く広いし、学生さんたちもノビノビしている感じだったので、ここに入ればいいなーと思いました。

受験科目

センター試験：5教科7科目
2次試験：英語、数学ⅠA・ⅡB、国語（現代文・古文・漢文）
その他の受験勉強科目：小論文（慶應義塾大学受験のため）

得意科目と苦手科目

得意科目：英語と数学

　どちらの科目も覚えたらできるところがいいと思います。武田塾の毎週の確認テストで単語を覚え、その結果一気に成績が伸びたことで良い循環に入りました。数学は武田塾の林塾長の本『受験合格は暗記が10割（幻冬舎）』にも書かれているように、解法のプロセスを暗記したら成績が伸びたことが自信につながりました。

苦手科目：国語、特に現代文

　勉強法も分かりにくいし、言葉を知らないから苦手です。現代文はセンスに頼る部分が多いと思いますが、読書量も少なく、センスもなくて知っている語彙も少ないから苦手のままでした。それでも『ことばはちからダ！（河合出版）』と『現代文キーワード読解（Z会）』によって語彙を増やすことによって、少しは苦手意識も克服できたと思います。

武田塾と受験勉強

武田塾との出会いと入塾したわけ

高校時代の同級生が武田塾に通っていたので、少しは武田塾のことも聞いていました。二浪目からは札幌で勉強することにしてインターネットで「札幌」「増田塾」を調べました。そのときは「武田塾」でなく「増田塾」に行くことを考えていたのです。ところが札幌には「増田塾」がなく、「武田塾札幌校」が検索上位に出てきました。

ともかく無料受験相談だけでも受けようと札幌校を訪ねました。勉強の相談も佐久間校舎長が一対一で対応してくれて、武田塾の勉強の進め方についても興味深い内容でした。武田塾に入塾すると勉強のやり方を教えてくれて、自学自習をサポートしてくれます。さらに毎週の確認テストで学習の成果についてもチェックしてくれます。以前通っていた東進ハイスクールや河合塾が、授業はやっても復習がほったらかしだったので、ここならば勉強の効率も上がるし、志望校合格も夢ではないと思いました。

武田塾での日々と受験勉強

一番の変化は、武田塾の復習を重視する勉強法、4日進んで2日復習という方針に沿って勉強するようになったことです。その結果、入塾して間もない5月の記述模試で一気に点数が伸びました。信じられないことに数学も英語も偏差値はA（60〜65）になったのです。

このようなこともあったので、あとは武田塾の勉強法と志望校合格までの『ルート』に基づいた勉強をやるのみです。もちろん徐々に難しい課題が宿題として出されるようになり、毎週の確認テストの成績も満点が取れなくなりましたが、最初の受験相談で会った佐久間校舎長を始め、教務の先生や担当講師の先生たちが一人ひとりの現状をよく見てくれているので、信頼して付いていくことが出来ました。

さらに、もしかしたらこれが最大の成果ですが、武田塾全体がアットホームな雰囲気なので、古めかしい伝統に染め抜かれた中高一貫の男子校の最大の欠点でもある女の子と自然に会話できない性癖についても少しは軽減されたので、大学デビューでもたつかなかったように思います。

私の日常生活と勉強

主な勉強場所は武田塾の自習室です。ただし日曜日は武田塾が開いていないので、図書館で勉強していました。

受験準備期：7時起床、9時から21時までは武田塾で勉強。

受験直前期：朝早く起きて7時から9時はスターバックスコーヒー、その後21時までは武田塾で勉強。

受験直前期の心構え：手洗い、うがいを徹底してR−1を飲み、インフルエンザの予防接種をして、人混みは避けました。人の多い札幌駅のスターバックスでの勉強も試験の1週間前にやめました。

私のお薦め参考書、ベスト3

①数学Ⅰ・A基礎問題精講、数学Ⅱ・B基礎問題精講（旺文社）

よくまとまっている参考書です。プロセスを暗記するだけで点数が伸びました。

②システム英単語（駿台文庫）

覚えれば覚えるほど点数が伸びました。一番頻出する意味を赤い文字にしてあるので、赤い文字で書かれた部分だけを1語1訳と割り切って覚えたらうまくいきました。

③Next Stage英文法・語法問題（桐原書店）

いい具合に英文法がまとまっています。そして覚えなくていいことは書いてありません。必要なことだけがコンパクトに載っていて、詳し過ぎないところがいいと思います。

合格体験記——**徳味高佳**

——伝統のある中高一貫男子校ですが

僕の通っていた私立攻玉社高等学校は、めちゃくちゃ古風な学校です。「誠意・礼譲・質実剛健」がモットーなのですが、制服でないとダメ、携帯はダメ、髪型も前髪はダメで、後ろ髪も衿に当たったら丸坊主にされてしまいます。

部活動などでも何かあったら坊主ですから、ちょくちょくみんな坊主になります。男子校で、女の子がいないから気にならないだろうと思われるかもしれませんが、やっぱりプライドが傷つくので、丸坊主だけは嫌でした。

高校からの入学がないので、みんな中学から6年間を攻玉社で過ごします。中学校の偏差値は50から60ぐらいです。聞くところによると、僕が入ったときが一番良かったようです。進学実績が上がるだろうと期待された世代だったのですが、期待ほどではなかったようです。

伝統のある攻玉社ですから、卒業生にはそうそうたる人たちがいます。第2および第1艦隊司令長官の伊集院五郎元帥を始め海軍大将15人、海軍中将69人、海軍少将118人、軍神となった広瀬武夫中佐や佐久間勉大尉もいます。

この海軍大将の中には第42代内閣総理大臣になった鈴木貫太郎海軍大将も含まれているそうです。陸軍も朝鮮軍司令官になった宇都宮太郎陸軍大将などがいたそうですが、はるか昔の歴史上の人物ばかりでピンときません。

他にも政財界に数多くの卒業生を輩出しているそうです。最近では日本人初の宇宙飛行士となった秋山豊寛さんなども攻玉社出身だと聞いています。

そのような伝統校だと耳にタコができるぐらい聞かされるのですが、女子がいないので、

悲しいと言えば悲しい学生時代です。

もちろん楽しい学園生活なのでしばらくは女の子がいないことはあまり気にしていません。だんだんと「何かおかしいなー」と思い始め、やがて「あれー、ふざけんな。なんでこんなとこに入れられたんだ」と怒りを感じて、それでも最終的には「まっ、いいかー」「ここもそれなりに楽しいし」と、悟りの境地に達するのです。

――高校時代は東進ハイスクール、一浪目は河合塾です

部活は吹奏楽部でサックスを吹いていました。男子校らしい力強いサウンドが特徴ですが、サックスができたからといって、女子がいなければモテるわけもありません。

高校時代に夢中になったことといえば部活と、高校2年生ぐらいからハマってしまったゲームです。東進ハイスクールにも通っていたのですが、親への言い訳程度にちょいちょい行くだけで勉強らしい勉強もせずに、秋ぐらいにはまったく行かなくなってしまいました。

当然のように浪人生活を迎えることになるのですが、それ以前の問題として留年危機がありました。追試を受けて、辛うじて高校を卒業しました。

浪人してから通い始めたのが横浜にある河合塾です。行こうって気になったのは、女の子がいるからといった淡い憧れです。確かに少しはいたのですが、話しかける勇気もなく、そのまま暗黒の1年を送ることになります。

そして肝心の受験勉強ですが、授業を受けて、ちょっと復習して、自習室が閉まるまで勉強している風を装っていたのですが、何も身に付かないまま一日一日と空虚な時間が流れていきました。何か一つでもいいことがあれば良かったのですが、高校時代からの友だちと一緒に浪人して、一緒に予備校通いしたこと以外は、何も記憶に残っていません。

中学・高校と通っていた攻玉社は、一応は自称進学校ですから「早稲田か慶應に行くぞー」といった気合の入った生徒もいました。僕もご多分に漏れずプライドだけは人一倍強かったので、一浪目のあとにも早慶やＭＡＲＣＨを受けました。でも1年間浪人して、センター試験の成績が少し上がったのですが、全滅です。

その後、武田塾に入ったあとに受験したときの感覚からすれば、「あれじゃ、まぐれでも受からないよ」と思えるぐらいの実力です。当然のように合格できるわけがありません。

それでも「もしかしたらＭＡＲＣＨのどこかに受かっているかも」などと思っていたのですからお目出度い話です。

正直そのときはまだ、「受かるわけがない」という感覚すらなく受験していたのです。

――北海道へ行ったことが一大転機になった

一浪目の途中に、北海道に住むお祖父ちゃんが亡くなりました。そのためにお祖母ちゃんが一人暮らしになってしまったので、母が北海道に行って一緒に住むことになります。

そして僕ですが、浪人生ですからどこに行っても問題ありません。正直なところ横浜に残った父と一緒だと、食事など家事全般の負担がのしかかってきます。その点、母と一緒なら食事の心配も洗濯の心配も掃除の心配もありません。

それと、やはり二浪目ともなると居づらいというか、知っている人のいないところへ逃げ出したいということや、遠くへ行きたいという思いもあります。母とお祖母ちゃんの二人だけだと「男手がないと困るだろう」という建前があるので、胸を張って北海道に行けます。

たぶんお祖父ちゃんが亡くなってお祖母ちゃんが一人暮らしになり、母が北海道で暮ら

すことにならなければ、二浪目の僕が北海道で暮らすことにはならなかったでしょう。武田塾札幌校に出会うことも、北海道大学経済学部に入ることもなかったと思います。

北海道へ引っ越してすぐに予備校探しです。東進ハイスクールや河合塾がダメとは言いませんが、僕には合っていないというか、これ以上の成績アップは望めないと感じていました。だからインターネットで検索したのが増田塾（武田塾じゃないですよ）だったのです。

「札幌」「増田塾」で検索したのですが、増田塾は札幌にないようで、たぶん名前が似ているからですが武田塾札幌校が検索のトップに出てきました。

その武田塾ですが、高校時代の同級生が通っていたので名前だけは知っていました。でもその当時は、「武田塾なんてよく分かんない塾で成績上がんのかよ」「なんで塾なんかに行ってんだ」と冷やかしていたのですが、その同級生は成績がぐんぐん伸びて、希望する薬学系の大学に入学したと聞いていました。

そのような経緯もあったのですが、武田塾に入塾したのは、武田塾のホームページとその後に受けた無料受験相談で、「なるほどー！」と共感できるところがあったからです。

それまでの予備校、東進ハイスクールや河合塾では、授業を受けてもそのままというか、僕自身が高校時代にも勉強してこなかったものだから、どうやって勉強したらいいのか分かりません。

河合塾の先生から「これを予習してきてください」「これを復習しておいてください」と言われるのですが、その予習や復習のやり方については誰も教えてくれません。

だから結局は、ダラダラと授業を受けて、ちょっと復習っぽいことをする。そんな生活が続いていました。これじゃ勉強の質も低いし、効率も悪いと、やっている本人が一番自覚しています。

東進ハイスクールなどは、一番いい先生が、いっぱいお金をもらって授業しているので、たぶん授業としては最高だと思います。でもそれを受けても成績は上がらなかったし、河合塾でもいい先生がいっぱいいたのですが、1年間かけて少々成績が上がったものの、まだまだ足りないと実感していました。

――バカみたいに武田塾の方針に乗っかることにした

あまりにも単純すぎる話かもしれませんが、単語を覚えなさいって言われても、覚える人は覚えるけど、同じ単語帳を持っていても覚えられない人はいつまで経っても覚えません。僕がそうだったのですが、覚え方が分からないことを言い訳にして覚えようと努力しないのです。

それが武田塾だと、「来週までに、この単語帳のうちのここまでを、1語1訳だけでいいから覚えてきなさい」「来週の確認テストで80点以上取らないと先へ進めません」と、言い訳の余地なく課題が与えられます。

そして覚え方や勉強の進め方についても、4日間次々と勉強しては覚えて、残りの2日間は毎日復習を繰り返すなど、具体的に指示されます。これがすべての教科に共通したやり方です。

毎週毎週、やるべきこととやる方法が具体的に提示されるのです。その確認テストも、ただ点数を出すだけではなくて、その都度1週間の成果と問題点が指摘され、今後の進め方を指導されます。

東進ハイスクールや河合塾で授業はまじめに聴いていたのですが、復習など勉強の仕方も分からないし、「自習室が閉まるまで勉強したぞ」といった、こんなに長い時間勉強したという達成感はあるものの、身に付いたかどうかなど勉強の進捗具合が分からないのです。

それが武田塾だと志望校合格までに、どの参考書のどの部分までをやらなければいけないかが『ルート』という表で提示されます。次に現在の自分の到達点から出発して、ルートに基づいて今週やるべき課題が宿題という形で出されるのです。

あとは1週間後の確認テストで80点以上の合格点を取ることを目指して、ただひたすら勉強するだけです。その勉強法も4日進んで2日復習といったように、すべてが具体的なのです。

東進ハイスクールや河合塾のやり方のままじゃダメだと思って入った武田塾です。最初の無料受験相談のときからすべてを一対一でやってくれています。ここまで真剣に向き合ってもらっているんだから、「言われたとおりにやるか」と始めたら、最初からガツーンとした手ごたえを感じました。

確認テストの結果を見て、「ヨッシャー！　やれば出来るんだ」って感じです。さらに5月の記述模試を受けたら、英語も数学も偏差値60〜65でA判定だったのには驚きました。実は河合塾の授業を受けて、そのあとで河合塾の模試を受けると、ほとんど同じテイストの問題が出るのです。たまたま模擬テストの前にパラパラと見ていたテキストの問題が出るって感じで、運よく解けただけってことが多かったのです。

――一つひとつ身に付く実感のある勉強法

それまでは勉強しても、本当に身に付いているのか分かりませんでした。模擬試験を受けて、偏差値が上がった、下がったと一喜一憂していても、それで本当に志望校合格へ向けて突き進んでいるという実感もなかったのです。武田塾に入ってからだと、例えば数学で旺文社の『基礎問題精講』を一通り終えると、参考書の中のどこにあった例題を使う応用問題だという風に一つひとつがイメージされて、自分の中でも「これは間違いなく解ける」と実感できるのです。

それが一番大きかったように思いますが、それこそ4日進んで2日復習してという勉強を繰り返しているので、あのときにやったヤツだと明確に思い出すのです。

プロフィールのところに「得意科目は英語と数学です」と書いたのですが、得意といえるほどになったのは武田塾に入ってからです。

正直なところ、1語1訳でいいから英単語を覚えれば英語の成績が伸びるとは思っていませんでした。「単語を覚えなさい」と言われても、ダラダラやって結局はほとんど覚えていなかったのです。

ところが武田塾では一番最初に、「来週までにここからここまでの英単語を覚えて来てください」「来週、確認テストをやります」「覚え方は4日進んで2日復習という方法で…」と、やり方まで指導されるのです。

このように最初は「無理やり覚えさせられているな」と少々抵抗もあるのですが、それでマジに成績が伸びるのです。「えっ！　なんでー？」というぐらい英語の問題が解けるようになるのです。

そうなると、「もっと完璧に単語を覚えておこう」とか、「熟語もちゃんと覚えなきゃ」だとか、「文法だって覚えたら勝ちだよね」といいスパイラルに入って行って、どんどんできるようになっていくのです。

数学も結論からいうと、武田塾で教えられたのは暗記数学です。

僕が通っていた高校の数学の授業では、「数学は暗記しちゃダメだ」「暗記じゃなくて、理解しなきゃダメだ」と幾度も言われていたのです。だから現役のときは、「解法を覚えなくて、どうやって解くの？」と思っていました。

凄く暗記を嫌う先生だったので「暗記しちゃダメだ」と凄く言われるのですが、「プロセスを覚えずに、どうやって理解するの？」「それって結局は覚えることじゃないの？」「覚えちゃダメだ、理解しろってどういうこと？」と、数学の解き方については混乱し続けていました。

その後の一浪目のときに、当時通っていた河合塾の先生に言われたのは「覚えるぐらいまでは解きなさい」です。だから少しは「覚えることも大切だよね」と考え始めたのですが、結局は惰性で、公式やプロセスを覚える努力が足りないままに二浪目を迎えてしまったのです。

でも二浪目で、武田塾の林塾長の本、『受験合格は暗記が10割（幻冬舎）』を読んで、「そうだよね。やっぱり暗記だよな」と割り切ってやり始めたら、一気に成績が上がり始

めました。もし僕のように「数学は理解しなきゃ」と悩んでいる人がいたら、「マジ、暗記しかないよ」と言ってあげたいですね。

英語も数学も、主には徹底して暗記することで得意科目と言えるまでになったのですが、それも４日進んで２日復習するという武田塾の勉強法と、毎週やるべき課題が宿題として提示されて、１週間後の確認テストで80点以上の合格点を取らなければいけないという武田塾の指導法によるものです。

その確認テストですが、最初のうちは満点を目指して頑張るのですが、徐々に点数が下がってきます。もちろん勉強がどんどん難しくなっていくので当然ともいえますが、一方で慣れもあります。「まっ、この程度やっとけばいいだろう」という甘えも出て来て、手抜きをしてしまうのです。

だから２週連続で１００パーセントの達成率とはいかなかったのですが、その都度「これじゃマズイ」と自分に言い聞かせながら緊張感を保ちました。

――現代文が苦手なのは、男子校だったからかも

苦手な科目は国語です。特に現代文です。なんだか勉強法も分かりにくいし、設問で何を訊ねられているのかも分からないし、何をどのようにしていいのか見当が付きません。

もちろん絶対的な読書量が足りないのだと思います。本を読んでいる人はそれなりに国語が得意なようだから、もっと読書が必要だったのでしょう。

でも男子校だったせいなのかもしれませんが、読書に夢中になっている生徒なんてほとんどいません。それと同じように男子校だったために、女心が分からないから現代文が苦手なのかもしれません。男子校ってバカみたいに騒いでいることが多いから、人の気持ちの奥底なんて、深く理解しようとも思わないのです。その必要性がないのです。

だから国語、特に現代文が苦手なのですが、北海道大学を目指すとなればセンター試験だけでなく2次試験でも受けなければならない科目です。

逃げてばかりもいられません。だからやるしかないのですが、国語で点数を取れない理由を考えると、言葉を知らないことが一番大きいように思いました。せめて語彙力を高めれば少しはマシになるのではないかと『ことばはちからダ！（河合出版）』だとか『現代

文キーワード読解（Z会）』を徹底的にやりました。

言葉って、知っている方が明らかに有利です。さらにこの2冊の参考書の中にも、文章の読み方が少しは紹介されているので、「あっ、そうかー、こうやって読むんだ」と、ちょっとは学べたように思います。

結論ですが、英単語が分からないと英語の長文が読めません。日本語の語彙が分からないと現代文が読めません。ただし日本語は、少しでも読めさえすれば何となく分かるから解くこともできます。それが英語だと、単語が1個欠けちゃうだけで、例えば形容詞か形容動詞かも分からないと、文章の形も分からなくなってしまいます。

そのように考えれば、国語の場合は少しでも多くの言葉を知っているだけで、「まあ、なんとなくこんな感じか」となるので、言葉を知っていると格段に有利になります。

――浪人して実感した現役生の勉強時間のなさ

高校時代、東進ハイスクールへ通っていたときに古文の吉野先生って方が言っていた、「今努力できなければ、一生努力できないよ」という言葉が今でも記憶に残っています。

「そのとおりだな」と思いつつも努力の仕方が分からずに、現役時代も、そして一浪時代も空回りしてしまいましたが、受験勉強に取り組むうえでの大切な心構えだと思っています。

二浪してからの札幌での生活ですが、やるべき勉強の方法も見えて来て、毎週毎週、次から次へと宿題が出されます。それでなくともすでに二浪目ですからひたすら勉強するしかありません。幸か不幸か仲のいい友だちも近くにはいないのです。

そして勉強の場所ですが、自宅だとゲームはやらないもののちょっとテレビを観てしまうとか、ボーッとしてすぐ寝てしまうものですから、武田塾の自習室です。現役生だと勉強時間が足りないので通学時間など、隙間時間の利用を考えざるを得ないのですが、浪人生の場合はそこまで工夫を凝らさなくとも自由になる時間が溢れています。

それでもより多くの時間を勉強に注ぐために、ご飯を食べたあとのだらける時間をなくすなどの努力が欠かせません。

本当に入学受験に取り組む現役生って、同じ武田塾へ通っていても、見ていてかわいそ

うになるぐらい時間がないのです。振り返って二浪目になっている僕ですが、これだけ時間的な余裕があって、さらに今なにをやるべきか週単位で示されているのですから、やるしかありません。

武田塾へは自転車で通っていたのですが、最初のころはともかく、夏ごろからは自習室が開く朝の9時には行って、自習室の閉まる夜の9時まで勉強していました。それこそ東進ハイスクールの吉野先生が言っていた「今努力できなければ、一生努力できないよ」という言葉は、二浪目の僕が置かれた状況でした。

さらに秋ぐらいからは、自習室の開く朝の9時が待ちきれなくなって、7時から開いているスターバックスで勉強を始めました。僕は寝ないとダメなタイプですが、睡眠時間を削って、眠い目をこすりながら一番安いドリップコーヒーのショートを頼んで勉強を始めます。

ほぼ毎日通い詰めるものだからポイントが溜まりに溜まってゴールドスターになりました。今でも札幌駅のスターバックスの前を通りかかるたびに、「ここで勉強していたなー」「あのときは、ホントーに頑張っていたなー」と思い出します。

――正直、北海道大学に受かると思っていた

あまりにも単純かもしれませんが、武田塾に入塾した直後から武田塾の示すルートのとおりやれば、それも毎週の確認テストで合格点を取り続けていれば、間違いなく第1志望の北海道大学経済学部に受かると思っていました。

武田塾に入塾してすぐに受けた河合塾の模試で一気に成績が上がったことや、その後の武田塾での確認テストや模擬試験などで着実に知識が身に付いてきていると実感できたからです。

自分でも毎週の確認テストでは合格点を取るのは当たり前で、満点を目指して勉強していました。ルートに沿って1冊、また1冊と参考書をものにしてきたという自信もありました。

現役のころや一浪して河合塾に通っていたころにはほとんど実感できなかった、一つひとつ知識と実力を積み重ねているという手ごたえがあったのです。

さらに受験が近づいたころには、センター模試や記述模試の成績も上がり、過去問を解いていても「ここまで解ければ北海道大学に受かるだろう」という実感が出てきました。

もちろんこれ以上浪人したくないという切迫した気持ちから、それまでとは雲泥の差の勉強もやっていました。

心の片隅では「これなら大丈夫」「きっと北大に入れる」という安心感も生まれて来て、焦らずに最後の仕上げの勉強に取り組めたようにも思います。

具体的な受験直前の試験対策といえば、センター試験対策は徹底して過去問を解くことです。

そして2次試験対策としては、数学ならば旺文社の『基礎問題精講』と『標準問題精講』を使って、記述模試とかで答を出すような感じで、きちんと相手に理解してもらえるように答を書くことです。英語ならば国立は和訳が多いので、答をより完璧に書くことです。

武田塾での毎週の確認テストのあとの採点で「ここの記述が足りない」「ここが分かりづらい」とか、「この日本語はおかしい」「この訳はちょっと微妙だね」などと指摘してもらって完成度を上げて行きました。

――合格した今だから言えること

正直なところ、北海道大学に合格してホッとしています。もうちょっと早めに武田塾の勉強法を知っていれば、そして何よりも僕自身がもっと早くから勉強する気になっていれば、二浪まですることもなかったと思います。志望校も、確かに僕の実力からすれば北海道大学も高嶺の花だったのですが、出来れば一橋大学を目指したいと考えていました。

父親からは、「今勉強しないと後悔するよ」だとか、「学歴は一生ついてくるんだよ」とか、大人になってからの後悔についても聞かされていました。親なら当然、子どもの将来のことを心配して、ことあるごとに言い聞かせるものだと思います。

だからと言って親から言われて勉強を始める子どもなんて、ほとんどいないのではないでしょうか。そして世の常と言いますか、今になって僕自身が、「あのときやっときゃ良かった」と後悔しています。

だからまず無理だとは思うのですが、これから受験する皆さんには「今が大切だよ」「今やらなきゃ、いつやんの」と無理を承知で言い続けたいと思っています。

僕自身がハマってしまったゲームやスマホも、これまた「やめろ」と言ってもやめられ

ないかもしれません。僕は二浪目になったときに、「今はもうやるしかない」という思いもあって、スマホさえ持ち歩かないようにしました。

現役生なら隙間時間を徹底的に利用しなければならないし、浪人生ならば隙間時間を作らないように努力して勉強するしかありません。現役生にとっては隙間時間を浪費する最大の要因がスマホだし、浪人生はスマホによってムダな隙間時間を作っては浪費しているのではないでしょうか。

そして最後に受験勉強の秘訣ですが、「なにかにつまずいたら、覚える努力が足りなかった」と思うことです。科目にもよりますが、勉強につまずく最大の理由が知識不足です。覚えている知識が足りないから設問に答えられない場合がほとんどなのです。

英単語から始まり、歴史ももちろん、数学だって覚えることが入試対策の要《かなめ》です。覚える努力をしたあとに、覚えたかどうかを確認するための、武田塾なら確認テストのようなもので、どこまで覚えたかを確認することも大切です。

北海道大学に入って、中高の6年間を過ごした男子校の攻玉社とはまったく違う雰囲気

の中にいます。男子校出身者以外の人には想像がつかないでしょうが、女の子もいる普通の世界って意外と新鮮なのです。

そして僕ですが、二浪という時間のブランクがあります。このあと就職するにしても現役合格者に比べれば2年間のハンデがあるのです。だから、どうせならぶっ飛んで「将来は大金持ちを目指すかー」と『起業部』に入りました。だからといって「宇宙旅行をやろう」「月に行きたい」とまでは思っていません。

今でこそサークルなどで女の子たちとも普通に話していますが、これがもし男子一貫校の攻玉社からストレートで北海道大学に入っていたら、免疫ができていなかったように思います。大学デビューに失敗して、根暗な大学生になっていたのではないでしょうか。

娑婆《しゃば》に出たのが武田塾でホントーに良かったと思っています。アットホームな武田塾で校舎長も講師のアルバイト学生さんたちも、そして現役から浪人までと幅広い受験生も、男女入り乱れて楽しく話しやすい雰囲気が溢れていました。

僕にとっては苦しいはずの二浪目の塾が、楽しい思い出の一ページになったことが最大の成果かもしれません。

担当教務より

教務担当：佐久間史祐（札幌校校舎長）

志望校選択へのアドバイス

当初は一橋大学を志望していました。目標は高いが実力が足りないという典型的なタイプです。すでに二浪なので、目標は一橋大学でも、最低でも早慶か北海道大学に入れたいとお父さんから切望されていました。そのこともあり、センター試験の結果を見て北海道大学受験が決まりました。

生徒の性格、勉強法の問題点

楽しいこと、楽な勉強方法などに惹かれやすい性格です。入塾時は、日大レベルの問題は解けるのですが、問題の本質が分かっていませんでした。ちょっと厳しく言えば、理想と現実の境目があいまいで適当なところがありました。

受験勉強指導の重点ポイント

二浪の原因は、自分の実力への過信だと思われます。難易度の高い問題を解くためには基礎レベルについてはどのような状態でも１００点を取る必要があると説明し続けました。日大レベルの問題については楽々クリアしたと本人は思っていたのです。地方国公立レベル（ＭＡＲＣＨレベル）以上の問題を解くために、上記のように基礎レベルで常に１００点を取り続けるくらいの状態が必要なので、そのレベルまで進むのを待って本人に自覚を促しました。

途中経過と指導法の改善点

地方国公立レベルに進んだところで、壁にぶち当たりました。それでもムダと思っていた日大レベルの問題の組み合わせで、難易度が高い問題をクリアできると初めて気が付いたようです。この段階でようやく、「分かることとできることは違う」ことを納得したようです。

生徒の変化と指導上の留意点

出身の高校が進学校だったために、あまり勉強せずに要領よく東大や早慶に合格した先輩・友人を見ていたので、自分も同じようにできるのではと考えていた節があります。勉強に集中させるために、親御さんの要望でスマホを解約しキッズ携帯に機種変更しました。

その後、単語を覚えることや数学の解法を条件反射クラスにまで身に付けることが重要だと理解して、勉強にも意欲的に取り組むようになりました。一橋大学、あるいは北海道大学のどちらを受験するにしても文章記述力が必要なので、小論文の添削を開始しました。

受験直前期対策と合格のための選択

入塾当初は、指導についてはあまり必要ないのではと徹底個別の指導週1回コースを選択していたのですが、本人の意識の変化と勉強量の増大から、さらなる指導が必要なので週3回指導コースに切り替えました。直前期は不安にかられ、指導時間外でもかなりの質問が持ち込まれました。

これからの大学生活に期待すること

ちょっと厳しいことも書きましたが、本人自身がさまざまな試行錯誤をしながら頑張った結果が北海道大学への合格です。長い受験生活からやっと解放され、おめでとうございます！　自由を満喫してください。ただ大学は勉強の場ということを忘れずに、新たな飛躍を成し遂げられることを期待しています。

合格体験記
4

現役合格の勝因は、先行して取り組んだ英語と数学

併願校不合格で、絶体絶命からの横浜国立大学合格

山《やま》田《だ》裕《ひろ》斗《と》
現役合格

武田塾浜松校（静岡県）
コース：個別管理特訓L（英語、数学）

合格した大学

横浜国立大学理工学部（太字が進学先）

略歴

静岡県立浜松南高等学校（理数科）卒

割合と自由な雰囲気の高校です。入学時の偏差値は65ぐらい。のんびりした校風で、部活、勉強、行事のどれも、ほどよく充実しています。

陸上競技部に所属して、主には４００メートル走に取り組んでいました。高校2年生の冬休み明け、1月から受験勉強を始めました。当初は部活との両立が大変で、眠くて2時間も勉強できない状態が続いていました。そのために英語と数学に絞って勉強することにしました。他科目の入試対策を始めたのは3年生の夏休み、部活を卒業してからです。

志望大学と受験科目

志望校を選んだ理由

最初は大阪大学までを受験対象として考えていたのですが、過去問と自分との相性やセンター試験の結果を踏まえると、横浜国立大学が現役で合格できる最有力候補だと思えたからです。

だから受験勉強で見えてきた自分の実力に合っていたからと言えるのですが、高校2年生のときに参加したオープンキャンパスでの好印象も選択の基準になりました。

受験科目

合格した大学の受験科目：英語、数学（ⅠA・ⅡB・Ⅲ）、物理、化学

その他の受験勉強科目：地理B、国語（現代文・古文・漢文）

得意科目と苦手科目

得意科目：英語

英語は、出来るようになるまで時間がかかると聞いていたので、高校1年生のころから地道に勉強していました。大学受験のためにも得点源にしておきたいと思ったのです。

苦手科目：国語（現代文）

抽象的な文章の理解が苦手なのと読むのが遅いので、勉強にかけた時間の割には効率が悪かったと思います。それでも深く読まずに、さらっと読み飛ばすようにしてイメージをつかむなど、集中してスピードアップを図りました。ある程度の主旨を理解したり予想したりしながら読むことで、少しは学習効率も良くなったように思います。

武田塾と受験勉強

武田塾との出会いと入塾したわけ

高校1年生の終わりごろ、そろそろ大学受験についても考えようと、勉強法についてネ

ット検索をしていてYouTubeの『武田塾チャンネル』に行き着きました。

無料受験相談に行ったのはそれから1年後、高校2年生の1月になってからです。そのときに自分と志望校の距離を明確に教えてくれて、具体的なプランも教えてくれたので、とても刺激になりました。

その直後に入塾したのですが、やはり受験勉強に対する方針や考えに共感できたから、ぜひ入塾して頑張ろうという気になったのです。

武田塾での日々と受験勉強

宿題を終えたあとに毎週実施される確認テストでは、常に合格点を取り続けられるように頑張りました。そのお陰で、やった勉強についてはほぼ１００パーセント身に付いたと思います。

武田塾に入塾して、基礎を徹底的にやるようになりました。数学も考え方を理解して頭に叩き込むから基礎がしっかり固まり、それにより課題も着実にこなせました。

武田塾の勉強法で、英語の偏差値は70ぐらいになりました。当初は武田塾で取っていなかった英語と数学以外の科目も、武田塾の勉強法でやってみた結果、どの科目も偏差値が

5～10上がりました。

私の日常生活と勉強

受験準備期：7時起床、7時半登校、午後4時から6時部活、7時帰宅、8時夕飯、8時半～10時勉強、11時就寝

受験直前期：10時起床、午後1時から7時勉強、8時夕飯、9時から11時勉強、12時就寝

　家ではシャドーイング、午前中は図書館、塾は午後からです。移動の電車では暗記物、学校の休み時間なども英単語、古文単語、社会などをやりました。

　部活を辞めた高校3年の6月ごろから模試の結果が伸び悩んだことがあります。1、2年生のころの模試と違って、3年生になって受ける模試には浪人生も参加してくるし、それまで英語と数学以外の勉強をやっていなかったことも一因です。

　それでも校舎長や講師の先生たちからの助言や励ましもあり、さらには毎週の確認テストで一つひとつの課題をこなしているという自信もあったので、スランプというほどの状況にも陥らずに乗り越えることができました。

私のお薦め参考書、ベスト3

①物理のエッセンス（河合出版）

物理の抽象的な考え方を図やイラストで分かりやすく解説してあり、基礎から応用まで網羅してあります。イメージが湧きやすく内容がつかみやすいので、この参考書によって実力が飛躍的に伸びたように思います。

②実戦化学重要問題集（数研出版）

問題数がちょうどよく、Aが基礎、Bが応用問題と分かれていて、段階を追って実力を付けることができます。入試に出るような典型的な問題も扱っているので、これ1冊でどの大学にも対応できると思います。

③速読英熟語（Z会）

僕の場合は、この参考書をシャドーイングするだけで構文や文法や熟語の幅広い勉強ができました。これ1冊で英語の勉強を完結できて、さらに実力維持に使えたので、もっと

もコスパが良かった参考書です。

合格体験記――山田裕斗

――難関大学の一般入試しか思い浮かばなかった

浜松の進学校だと浜松北高校が超有名です。僕の行っていた浜松南高校も進学校だと言われているのですが、地域ではせいぜい3、4番目程度です。

実は高校進学のときに浜松北高校に行きたかったのですが、成績が伸びないので諦めて浜松南高校を受験したという経緯があります。そのリベンジもあって、大学こそは一流大学へ入りたいと思ったのですが、難関大学は推薦枠も少なくて、一般入試を狙うしかありません。

だから1年生のときから高校の授業や内申については問題外でした。授業も真面目に聴いていないので、高校での成績もいいわけがありません。宿題もほとんど出さないので先生に呼び出されたことがあるのですが、「僕は宿題はやらないので、その分成績を下げてください」と言って、猛烈に叱られたことがあります。

大学入試に役立たない勉強や宿題は、やるのが面倒だし、1年生のときから大学は一般

入試で受けると決めていたのです。

高校では陸上部に所属して400メートルを走っていました。短距離走の中では最長の距離の400メートル走ですが、人が本気で走れる限界の距離と言われています。自分の限界に挑む競技ですが、苦しいからこそ自分の追い込みようがあるというか、自分を成長させることができるように思います。

そのような400メートル走に挑むことと同じように、大学受験も実力本位の一発勝負、一般入試で難関大学に挑みたいと思ったのかもしれません。

実際のところは、それほど高尚な志を持っていたとは言えないのですが、高校で志望校に挑めなかったリベンジと、持って生まれた負けず嫌いな性格から、一発勝負の難関大学一般入試を選んだのです。楽な道へと逃げないことで自分を成長させたいと自らに試練を課したのです。

――負けず嫌いと競争心が原動力かもしれない

僕は中学校でも陸上をやっていたのですが、陸上で頑張れたのも、一般入試で難関校と

考えるようになったのも、僕なりの目標というか追い付きたい、追い越したいと思った奴がいたからです。

中学校のときに陸上で浜松市の強化選抜チームに選ばれました。そこにいた同期の中学生が、癪に障るぐらいカッコ良かったのです。顔もめちゃイケメンで、生徒会長もやっていて、勉強もできるようだし、陸上も東海選抜に選ばれるほどすごいのです。

彼に会うまでは、勉強している奴なんてどうってことないと思っていたのですが、こんなに完璧な奴がいるのかと感心してしまいました。自分とのあまりの落差にガックリもしたのですが、顔はともかく、何とか少しでも追い付かなきゃと勉強する気になったのです。ちなみに彼は立教大学に入ったそうですから、少しは追い付いたように思います。

とは言え、高校に入ってすぐに受験勉強を始めたわけでもありません。高校での授業を軽視するようになったのも一般入試を目指すからではなくて、入学直後の定期試験の成績が余りにも悪くて、やる気が失せてしまったからでした。

でも、このままじゃまずいという思いもあって、何かしら始めなければと大学受験を念頭に勉強を始めたら、模試などの成績も徐々に上がり始めたのです。

最初が低かったから、やればやるだけ成績も上がったのですが、まるで下克上のように成り上がって行くって楽しいものです。いったんはどん底に落ちて這い上がって来たからこそ、勉強が楽しくなって続けることが出来たのかもしれません。

それとこれは武田塾の自学自習の方針に共感したことにもつながりますが、僕は受け身の講義を聴くのが苦手で、自分で計画を立ててマイペースでやらないと頭に入らないのです。だから高校の先生たちからはひんしゅくものですが、大学入試で使わない科目の授業時間は居眠りか内職です。国語の現代文なんて「授業を聴いて偏差値が上がるぐらいなら苦労しないよ」と英語や数学をやっていました。

――高校2年生の1月が難関大学挑戦の最終スタートライン

本格的に受験勉強を始めたのは高校２年生の冬休み明けからです。もうすぐ高校３年生という時期になって、そろそろ本気で勉強しないといけないと思ったのです。もちろん前述のように、高校１年生のときから大学受験を意識して勉強するようにしていました。

そのようなときにテレビで、高校２年生の１月までが難関大合格者のスタートの最終ラ

インだと誰かが言っていました。自分もすでに高校2年生の冬休み明けを迎えています。そろそろ本気で受験勉強を始めようと思いました。

それまでにも、1年生のときに東進ハイスクールの無料講習は受けたことがあったのですが、高校の授業と同じように、役に立たないなーと思っていました。だから予備校や塾に行くかどうかは別にして、これからの勉強法について調べなおそうと思ったのです。具体的には難関大学の合格体験記も読んでみたかったし、何よりも勉強計画について知りたかったのです。

実は高校1年生のころから受験勉強の方法をネットで調べていました。そのときにYouTubeの『武田塾チャンネル』に辿り着き、ときどき観ていました。武田塾の勉強法についても概要はつかんでいたのです。だから本格的に受験勉強を始めようと思った高校2年生の冬休み明けに、武田塾の無料受験相談を受けてみようと思ったのです。

——自分に合った勉強法で、なおかつ合理的だった

受験相談のときには、それまで受けていた高校での模試の成績などを見てもらって話を

聞かせてもらいました。その当時は、高嶺の花と思いつつも大阪大学を目指していたのですが、それまでの模試の結果を踏まえて、大阪大学に合格するためにやるべき課題と学習計画を示してもらいました。

現在の僕の位置と、ここから合格までの具体的な方策です。試験科目の5教科7科目について、一つひとつ攻略すべき参考書が提示され、どのように学習すべきかも教えてもらいました。もちろんまだ部活を続けていた時期なので、その現実もキッチリと踏まえた計画です。

無料受験相談を受けてすぐに武田塾に入塾しました。入塾した一番の理由は、大学受験のための勉強についての考え方がすごく合理的で、自分に合っていると思ったからです。先にも触れたように、僕は講義を聴くのが苦手です。まして集団での授業となると、知っていることを延々と聞かされるのも時間の無駄だし、ときには授業に付いていけなくなることもあります。だから勉強は、自分自身のタイミングでやらせてほしいのです。

さらに武田塾に入ったことによって、それまでは無計画にやっていた勉強が順序立てて、それもいつまでにどこまで終わらせなければいけないかが示されます。週ごとの課題が宿

題として提示されるので、あとは自分なりに一日の予定を考えて取り組めばいいのです。

おまけにそのようにしてやった勉強が身に付いたかどうかを1週間後の確認テストでチェックすることになるので、志望校合格という目標に向けて一歩一歩近づいていることが実感できます。

その結果、偏差値は一気に上がりました。部活との兼ね合いで英語と数学だけのコースを取っていたのですが、武田塾の勉強法を使うことによって他の科目の偏差値も5から10ぐらい上がりました。英語の偏差値も70ぐらいまで行きました。

――マイペースだけれど、段階を追って着実に

浪人はしたくないと思っていました。高校時代は周りの友だちと一緒に勉強していたのですが、浪人すると孤独に耐えられないと思ったのです。そのこともあって、センター試験の結果がそこそこ良かったことと、自分の学力を考えた場合の合格の可能性から、最終的には横浜国立大学を選びました。それでも高校3年生になってからの模試の成績では、横浜国立大学はE判定です。

というのも高校1、2年生のときの模試は、偏差値が出やすいのです。それが3年生に

なると浪人生も入って来るので、偏差値55ぐらいまで下がってしまいました。その一方で武田塾での毎週の確認テストでは、常に85点から95点程度を取り続けていたので、講師や教務の先生たちからは「大丈夫。このまま行けば、十分可能性がある」と励まされていました。

例えば数学の場合、基礎から順番に頭に叩き込まなければいけないのですが、その時点での自分のレベルと違った参考書をやると身に付きません。それこそ基礎もまだ固まっていないのに受験数学の王道だからとチャート式をやっても混乱するだけです。

たぶん数学が苦手な人って、自分が何を理解していないのかも分からない状態のまま問題を解いているのではないでしょうか？　基礎問題を全部理解したうえで応用問題を解けば、それほど苦労せずに分かるはずです。

実は僕も武田塾に入る前は自分で気に入った参考書を買ってきて、がむしゃらに解いていたこともあったのですが、武田塾のルートだと今の実力から合格までにやるべき参考書を、段階を追って示しています。

だから毎週の宿題を着実にこなして確認テストで合格点を取り続けていれば、自分のレ

ベルとのずれが起きる心配がないのです。一時的に模擬試験の成績が落ちても、それは確かに気にはなりますが、一喜一憂することはないと自分に言い聞かせていました。

――得意科目は英語、苦手科目は国語です

部活をやっているときは、せめて毎日2時間は勉強しようと思ったのですが、疲れ切っていることが多いのでせいぜい1時間程度の勉強でした。それでも隙間時間を利用したり、受験科目以外の授業は内職をしたり休養（居眠り）に充てたりしていました。

そのような僕の得意科目ですが、地道にコツコツやることが得意なので、だから英語が得意科目になったような気がします。例えばゲームでも、ゾーンにある道具をまんべんなく取って、モンスターも全部倒してレベル上げしてから次のステップへ行けるようなロールプレイングゲームが好きです。

英語ってそういうドラクエっぽいところがあるように思います。ここのアイテム1個取っていないとかが気になるって、ちょっと完璧主義なのかもしれません。

その英語ですが、単語を覚えるのは通学途中とか授業の間の休憩時間です。自宅ではシャドーイング中心の勉強です。なぜだかシャドーイングするだけでどんどん早く読めるよ

うになるのです。入試直前期には実力維持のためにもシャドーイングをしていました。

一方で、苦手科目は国語です。抽象的な文章の多い現代文が特に苦手です。物語文ならまだマシなのですが、「デザインとは何か」などといった評論っぽい文章が出てくると、「そんなの知らねえよ」なんて思ってしまいます。

それでも試験科目にあるのですから、やらないわけにもいきません。自分で読む時間を決めて、それほど深く考えたりせずにサラッと読んで、頭の中で「ああ、多分こんな感じなんじゃないの」と予想しながら読んでいました。

たったそれだけのことでも読むスピードが上がり、少しずつ正答率も上がりました。

そのようないずれの勉強についても、すごく客観的に見てくれていたのが武田塾の校舎長、松下さんです。注意すべきときにはビシッと言ってくれるし、勉強が順調で成績が伸びているときにはちゃんと褒めてくれました。すごく頼りがいのある人です。

講師としてお世話になったのは静岡大学の学生さんですが、参考書の選び方や使い方を教えてくれたり、模試の成績が伸び悩んだときには、「オレもこの時期そうだったけど、大丈夫。これから間違いなく伸びるよ」などと、自分の経験談を踏まえて励ましたりしてくれました。

――山あり谷ありで、不安だらけの受験勉強

高校2年生の冬休み明けに武田塾に入り、先にも書いたようにそのあとは順調に成績が上がって来たのですが、高校3年生の6月を迎えて部活を辞めたころから成績が伸び悩み始めました。

幾つか理由があるのですが、それまでは英語と数学に絞り込んで勉強していたので、それ以外の科目にはほとんど手を付けていませんでした。そのような科目も模試に入ってきたので、当然のように最初は点数が上がりません。

さらに早くからやっていた数学ですが、武田塾に入るまではやっていることはやっていても、武田塾のルートのような計画的な勉強からは程遠く、基礎から積み上げていなかったのです。だから武田塾に入ってからもう一度、基礎からやり直すことになったので、偏差値も50ちょっとのまま伸び悩んでいました。

そのような状態が秋の終わりごろまで続くのですが、模試の成績は悪くても武田塾のルートに基づいた毎週の課題は着実にこなしていたし、確認テストも合格点を取り続けていたので、一歩一歩合格圏に近づいているはずだと考えるようにしました。校舎長や講師の

人たちも「このまま積み重ねていけばいいんだよ」と言ってくれるので、それを信じるしかありません。

もちろん、勉強しているのに偏差値が上がらないことに対しては、不安や悔しさもありました。この時期、友だちの模試の成績がどんどん上がって行ったので、負けたくないという意識もあって、すごく悔しかったのですが、秋の終わりごろには急に視界が開けるように、成績が上がり始めました。

やがて入試本番です。センター試験の成績もまずまずだったので、横浜国立大学を第1志望として受けることにしました。そしてその前に、併願校として明治大学を受験しました。ところがその併願校の明治大学が、不合格でした。

そうなると浪人は絶対嫌だと思っている僕なのに、本命の横浜国立大学しか残されていません。校舎長や講師の先生からも「やるべきことをやってきたんだから、大丈夫だよ」と励まされるのですが、やはり不安です。センター試験はそこそこの点数が取れているので、あとは二次試験で頑張るしかありません。

その二次試験対策ですが、武田塾のルートの参考書を使った勉強がメインで、出題傾向

に合わせた演習問題を幾度も解きました。一方で過去問は直近の問題を1回やっただけです。だって、すでに出た問題と同じ問題が出るわけがありませんから。

それ以外の準備としては、僕自身が完璧主義的な性格ではと思うぐらい目を光らせたのでケアレスミスはほとんどないのですが、文字は自分でも見やすいように丁寧に書くようにしていました。解答する時間についても、参考書などに記載されている目標時間を目安に、その範囲内で解く練習もしていました。

そして試験日が近づいたころには、もうあとはなるようになれです。今さらじたばたしても始まらないという居直り気分です。実際のところ、別に今さら勉強してもさほど変わらないと思っていました。

——E判定からの逆転合格、そしてこれから受験される皆さんへ

合格を知ったときは、一瞬の喜びがあって、そのあとは深い安心感に包まれたという感じです。浪人だけは絶対したくないと思っていたのに併願校の明治大学は不合格。そして大逆転の横浜国立大学合格です。ホッとしたなんてものではありません。じわーっと温かいものが押し寄せてくるって感じです。

　このようにして浪人もせずに念願だった横浜国立大学に入学できた僕ですが、ここまで到達できたのには幾つかの勝因があると思っています。

　その中で一番大きかったと思うのは、理系だったこともありますが、先行して英語と数学の勉強をやっていたことです。この2科目は基礎を固めることが超重要です。そしてその基礎をがっちりと固めるためには、それなりの時間もかかります。

　だからこの2科目の勉強を高校1年生か2年生のころに始めれば、誰も追いつけません。あとから始める人に比べれば、早く始めさえすれば勝てるのです。

　そして僕自身が経験したように、受験勉強期間中は山あり谷ありで、成績が伸びて喜ぶこともあれば、成績が伸び悩んで苦しいときもあります。だからこそ一喜一憂するのではなく、淡々と基礎から着実に積み重ねていくことが大切です。その点では武田塾で示されたルートに沿って、基礎から応用へと積み重ねることができたからこそ、合格圏に到達できたのだと思います。

　さらに最後に一言。生意気なようですが、苦しいときこそ謙虚になって、自分の足りない部分を見つけ出して、淡々と勉強に取り組むことが大切だと思います。

　着実な積み重ね以外に合格への道はないのだと、今さらながら実感しています。

担当教務より

教務担当：松下一彦（浜松校校舎長）

志望校選択へのアドバイス

入塾当時の成績では多少厳しいと思いましたが、本人が積極的に頑張ったので、目標をしっかりと持っていたことは良かったと思います。最終的には模試やセンター試験の結果などから総合的に分析して受験校を選んでいます。

生徒の性格、勉強法の問題点

日大レベルのテキストは順調に進みましたが、段階突破テストには少してこずりました。宿題は基本的にしっかりと取り組めていましたが、自分で覚えた知識をどう使えば問題を解けるのかが身に付くまでちょっと時間がかかりました。

受験勉強指導の重点ポイント

地方国公立レベルに入ってからの進捗があまりよくなかったです。日大レベルのと

き と同様に、解き直しや復習に重点的に取り組むよう伝えていました。

途中経過と指導法の改善点

解答の完全再現ができるように復習して欲しいことを伝えていました。それでも数学はかなり苦労していました。

生徒の変化と指導上の留意点

他の科目も、自分でルートの教材を進めていました。武田塾の勉強方法を他科目で実施してくれていたのは良かったです。

受験直前期対策と合格のための選択

基本はおろそかにせずに、完成度高く取り組んでいたので、英語はしっかりと結果が出ていました。数学はセンター対策をおこなうことで徐々にセンター試験の出題内容にも慣れていきました。英数ともにセンター試験が一番点数を取ることができました。

これからの大学生活に期待すること

せっかく希望の大学に入ったのですから、何事にも積極的に取り組んでもらいたいです。武田塾の勉強方法を信じたように、大学でも自分の将来を懸けることができる何かを見つけて欲しいです。やると決めたら、やり遂げる力はあるのだから！

合格体験記
5

受験科目を2科目に絞り、背水の陣で慶應SFC挑戦

何をやるにもゼロからの挑戦だった

星《ほし》野《の》良《りよう》太《た》朗《ろう》
既卒（一浪）

武田塾藤沢校（神奈川県）
コース：個別管理特訓L+小論個別特訓

合格した大学

慶應義塾大学環境情報学部／青山学院大学総合文化政策学部／中央大学国際情報学部／法政大学文学部／法政大学社会学部／武蔵野美術大学造形構想学部（太字が進学先）

略歴

自由の森学園高等学校（普通科）卒

自由の森学園高校の偏差値は49だそうですが、とにかく自由で定期テストもないような学校です。

文化系の部活が強くて、生徒が自主的にイベントを自由に企画することができるので、生徒主導の企画が数多くありました。僕も演劇部に所属していて、体育祭など学内のイベントにも関わっていました。そのような校風からか、本格的に受験勉強を始めたのは高校卒業後浪人して、4月に入ってからです。

志望大学と受験科目

志望校を選んだ理由

SFC（慶應義塾大学湘南藤沢キャンパス）出身の人から「SFCには面白い人がたくさんいる」と聞かされていました。僕の行っていた自由の森学園高校とも校風が似ていると聞かされていました。

オープンキャンパスには参加できなかったのですが、研究会を聴講することができました。そのときにSFCの持つリソースやつながりの大きさや強さを感じました。ここなら自分としても、さまざまな分野の人たちとつながりを持つことができて、その人たちの技能を組み合わせたプロジェクトが実現できるように思い、ロマンを感じたのです。

受験科目

慶應義塾大学環境情報学部の受験科目は、英語と小論文です。
その他の大学の受験科目で、現代文に取り組んでいました。

得意科目と苦手科目

得意科目：英語、現代文

武田塾の勉強法で取り組むことによって順調に成績が伸びました。また、さまざまな本や新聞記事など参考書以外にも興味を持って、読み漁ったことも良かったようです。

苦手科目：上記以外のすべての科目

ＳＦＣ対策に集中して、他の科目は「やっていなかった」という一言に尽きます。

武田塾と受験勉強

武田塾との出会いと入塾したわけ

高校のころから、参考書などに分かりやすく書いてあることをわざわざ授業で聞くことの意味を感じていませんでした。武田塾を知ったのは、高校3年生の2月ごろに塾を探し

ていたときに、友人から「だったら、こんな塾もあるよ」と武田塾の名前を聞かされたからです。

無料受験相談を受けたのは高校卒業後、浪人してからです。無料受験相談では、大学受験って大変なんだと今さらながら思いました。それまでちょっと甘く見ていたというか、１年間集中して頑張れば何とかなるだろうと安易に考えていたのです。

それでも無料受験相談のときに、ＳＦＣ対策に集中するための施策、無理に３科目をやるのではなく、英語と小論文に集中した勉強の進め方についても教えてもらいました。思い切って、国語・英語・社会の３科目受験を捨てて、英語と小論文に集中させてもらえることにも共感して、武田塾に入ることにしたのです。

武田塾での日々と受験勉強

入塾前にも参考書に取り組んでいたのですが、結局のところやり方が分からず、そのために集中もできずにいました。入塾後は、今何をやるべきかを教えてもらい、１週間ごとの課題が宿題として出されるので、日々の勉強に集中するようになりました。

入塾前は中学２年生レベルの英語のテストでも１００点満点で50点程度しか取れず、５

月のマーク模試での英語の偏差値は50程度だったのですが、7月のマーク模試では偏差値68、河合塾の模試では偏差値70にまでなりました。

武田塾に入ったことによってＳＦＣ対策に集中できたこと、さらには合格までの道筋が分かりやすいので、毎週の確認テストで合格点以上を取り続ければいいと考えていました。実際には95パーセントを上回る成績を維持し続けることができていたので、このまま進めば良いと自信にもつながりました。

何よりも勉強する習慣ができたことと、授業などに左右されずに着実に勉強する方法を身に付けたことが大きいと思います。復習の大切さについても、改めて実感しました。

私の日常生活と勉強

7時起床、9時から自宅で勉強（1時間か2時間程度勉強したら休憩）、12時昼食、午後1時に塾に移動、6時半に塾を出て7時頃帰宅。

武田塾に入塾して以降、入試直前までは上記のスケジュールのままです。主な勉強場所は自宅と塾で、ときどき散歩してリラックスを図りました。野球を観ることが好きなので、メジャーリーグのニュースなどを英語解説で観ていました。気分転換を兼ねた英語に慣れ

る訓練です。

モチベーションが下がりそうなときは、友だちが頑張っている姿を見て、自分もやらなければと自分自身を鼓舞するようにしていました。

私のお薦め参考書、ベスト3

①〝毎年出る〟頻出英語長文（日栄社）

長文の質、量、長さ、すべてのレベルが高く、また解説も難しいところは丁寧に説明してあるのですが、自分で考える余地もあります。この参考書を通して大きく成長することができました。

この参考書が終わったときには、マーク模試の長文を時間内に読み終わるようになり、模試で8割後半を取れるようになりました。MARCH以上の大学に挑む人にはもちろんのこと、センター試験で問題は解けるが時間が足りない人にもぜひ取り組んでほしい参考書です。

②大学入試問題集関正生の英語長文ポラリス3　発展レベル（KADOKAWA）

文章に使われる語彙やテーマが近年出題されているものと非常に近く、これで覚えた題材や単語が本番でも役立ちました。また音読用の音源はかなりスピードが速く、速読にも役に立ちました。

③田村のやさしく語る現代文（代々木ライブラリー）

特に第1部は必見です。これがあれば基本的な現代文は解くことができます。また、ここで得た読み方を英語に応用できると思います。

合格体験記——

——受験には役立たなくても自由の森学園で学んだこと

星野良太郎

僕の行っていた自由の森学園高校は埼玉県にあります。志望校がＳＦＣで、浪人時代に通っていた武田塾も藤沢校と藤沢つながりですが、これはまったくの偶然です。僕の親は転勤族で、今までに11回も引っ越していました。

だから高校時代は高校の寮に住んでいました。たまたま転勤族の親が藤沢に来ることに

なったので、浪人中の1年間を藤沢で過ごすことになったのです。

そして浪人してから受験勉強を始めたのですが、自由の森学園はとにかく自由な学校で、他の高校の人に説明して驚かれるのが、中間テストや期末テストといった定期テストがないことです。

その代わり、レポートのようなものを書いて提出するのですが、普通のテストで出るような、覚えるという作業がありません。勉強の中に暗記ということがないのです。いわゆるリベラルアーツ的な、教養を身に付けるといった雰囲気での教育をおこなっています。

しかもリベラルアーツにもいろいろあるのですが、一人ひとりの考え方の基軸を定めることが教育のテーマになっていました。一人ひとりの個性を重んじて、点数による序列の評価をしない学校なのです。

もちろんそのような高校ですから、大学受験には応用できません。でも、点数では見えない世界があるということを学びました。だからこそ受験勉強も頑張れたというか、ちょっと間違えたところで、これで俺の人格などのすべてが評価されるわけではないと思っていました。

そのような気持ちを持ち続けたからこそ、過酷な受験勉強を進めるうえでも、あまり浮き沈みがなかったように思います。

普通の人は大学進学に向けていろいろと考えて、在校中の早い時期から受験勉強に取り組むよう学校からの指導もあるようですが、自由の森学園は自由で自主的という校風もあって、割と何でもいいというか、「まあ、自分で考えてね」という感じです。

僕自身も、とりあえず高校時代は高校生活を楽しみたいと思っていたので、在学中は卒業後の進路について調べることもなく過ごしていました。それでも親には高校卒業が近づいた時期に、大学受験のために浪人したいと伝えました。

ギャップ・イヤーというのですが、欧米では高校卒業後に一定の休学期間を経てから大学に進むという制度があります。いわゆる日本での浪人と似ているのですが、受験勉強しかしない日本の浪人と違って、学校では得られないような知識を深めるといったモラトリアム（一時的猶予）です。

たまたま僕は、海外でモラトリアムを経験してから立命館アジア太平洋大学（APU）

に入ったアメリカ人の話を聞いて、「あっ、これは使える」と親への言い訳というか、方便に使ったのです。

幸いにも、親もそういう考えを受け入れてくれました。そのことを方便に使って、高校時代では高校のイベントに集中して、そのあとのことは卒業してから考えることにしたのです。

――やはり気になるSFC

卒業間近になった高校3年生の2月、「さー、これからどうしよう」と意識し始めました。「もう少し学校に行きたいな」と思ったときに、僕の入っていた高校の寮の寮監、自由の森学園の先輩でＳＦＣ卒の人の話が思い出されたのです。

その寮監は、僕が高校を卒業する半年ぐらい前に赴任してきたので、大した付き合いはなかったのですが、「ＳＦＣって自由の森学園に似ている」ということなども聞いていました。だから「よし浪人しよう」と思ったときに、一番最初に浮かんだ志望校は、ＳＦＣだったのです。

その後の話ですが、その寮監の知り合いにＳＦＣを案内してもらい、長谷部研究会とい

う研究会を聴講させてもらうことができました。寮監が卒業した環境情報学部のゼミですが、ＳＦＣは入ってしまったら環境か総合かなんて全然関係ないのです。

自分が学びたいことを選択できるという、その自由な雰囲気は確かに僕の通っていた自由の森学園に似ていました。エッセンシャルユニットというのですが、実際に環境情報学部に入ってからも文理分け隔てなく学ぶことができます。

高校時代も文系、理系と分けることなく学んできたので、数学も物理も英語も社会も国語も全部好きです。もちろんテストの点数に関わりなくという前提が付きますが、どの科目も学ぶことに意味があるように思います。

このようにして、浪人してからＳＦＣを目指そうと心に決めたのはいいのですが、何から始めればいいのか分かりません。そのようなとき、僕とまるっきり同じように、高校時代は高校のことをやって、その後はもう少し勉強したいから浪人して大学受験を目指すという友だちがいました。

僕たちの行っていた高校が特殊なので、「やはり個別指導型の塾の方がいいよね」と東京個別指導学院や四谷学院などを調べたのですが、その中に武田塾もあって「ここって、

面白そうだね」と話していました。

だからと言って、個別指導だけにこだわっていたわけではないのですが、下から上を目指せる塾というか、ゼロからＳＦＣを目指すにはどの塾がいいかと考えたときに、僕がこれから住む藤沢周辺では四谷学院と武田塾が見つかりました。

武田塾の無料受験相談で、ＳＦＣに合格するための道のりの説明を受けました。正直なところそれまでは受験というものを少し甘く見ていたようです。話を聞いて、「へー、そんなに難しいんだ」と今さらながら実感させられました。

それでも、ちょっと変わった自由の森学園で学んでいた僕にとっては、２科目受験も３科目受験も、２科目に集中するか３科目での総合点を目指すかの違いしかありません。行きたい学校は英語と小論文の２科目受験のＳＦＣですから、結論は一つです。ＳＦＣ以外は滑り止めにしかすぎませんから、興味もなかったのです。

だから、社会をやらずにＳＦＣの２科目に集中したいと言ったら、「本当なら２科目集中はやらせられないけど、君なら行けるかもしれない」と受け入れてくれました。僕の夢と何としてもＳＦＣ一本で挑戦したいという話をじっくりと聞いてくれたのです。

一方の四谷学院の方は僕の夢や希望を伝えても、「それでも一応は、社会もちゃんと勉強しようね」という話へ持って行こうとするので、「なんだか嫌だな」「やりたくないな」という気持ちが強くなりました。

――勉強を促す武田塾の適度な手綱の引き方がいい

武田塾に入って良かったことは、第1志望のSFCを目指して2科目に絞った勉強ができたことと、自分のペースで勉強ができたことです。

さらに担当してくれた講師の先生が、武田塾で勉強してSFCに逆転合格した石嶋さんでした。つい最近、まさに僕と同じようにほとんどゼロからともいえる勉強でSFCに合格した当の本人ですから、勉強方法だけでなくメンタル面でもいろいろと教えてもらって、その人の生の声を聞きながら勉強を続けることができました。

でも、何から何までゼロからの出発って大変だろうと思われるようですが、確かに大変は大変ですが、それほど苦痛に思ったことがありません。

高校へ行きながら勉強していたり、普通に幾つもの科目の勉強をしていたりしたら大変

だろうとは思いますが、僕は英語と小論文に関する勉強に集中すればいいだけです。

毎朝９時には勉強を始めていましたが、自宅と塾で勉強して夜の６時過ぎ、夕飯前には勉強を終えていました。だから他の受験生に比べれば、のびのびと余裕をもってやっていたように思います。

それでも勉強すべきは英語と小論文だけですから、それぞれに相当な時間をかけることができます。ただ、そうは言っても武田塾に通い続けていたからの話です。

校舎長の石井さんは、よく僕の夢物語を聞いてくれました。ビジネス誌などもよく読んでいて、休憩時間の過ごし方などもビジネスマン的な視点で教えてもらいました。

前述の石嶋さんという講師の方も、武田塾に入塾してからわずか半年でＳＦＣにダブル合格した人ですから自信に溢れていて、英語と小論文についてもＳＦＣ対策に必要な内容を的確に教えてもらいました。

小論文についてはネット添削で柳田先生という方から指導を受けたのですが、ときには厳しい言葉も飛んできて身が引き締まりました。でも一方で、そんなときもあとから講師の石嶋先生がそっとフォローしてくれました。

このように石井さんという校舎長がいて、石嶋さんという講師の先生がいる。僕にとっては、そのようなコミュニティとしての武田塾藤沢校だったのです。

授業中心の予備校ならば、たぶんＳＦＣ合格なんて１００％不可能だったと思います。だからと言って自学自習の方法を理解していたとしても、独学ではどこかで行き詰まっていたと思います。

適度な手綱の引き方というか、ＳＦＣ合格までの最短距離での道筋を示しながら、前へ前へと押しやってもらえたからこそ、着実に合格圏に近づいて行ったと思います。

——すべてゼロからの出発だから2科目も3科目も同じ

英語と小論文での受験なのに、意外と思われるかもしれませんが僕は英語が苦手でした。苦手というよりも好きじゃないといった方が合っているかもしれません。「自動翻訳のアプリもあるんだから、それを利用すればいいじゃん」と、なぜ英語を勉強しなければならないのか、英語を勉強する意味が分からなかったのです。

実際に自由の森学園では、ＳＶＯＣを振るようなことはやっていたのですが、英単語を覚える必要性がないので、中学英語も怪しいようなレベルです。

それでも僕は子どもの頃に、英語で劇をするような団体にいたので、カタカナで英語を覚えたことはあります。それ以外にもカナダに2週間程度のホームステイに行かせてもらったこともあるので、英語に触れる機会はありました。ただ受験英語の基礎知識については皆無に近い状態だったのです。

だから最初は、ＳＦＣに行きたいから受験のために英語の勉強を始めたような状態です。ただ僕にとっては英語だけでなく、すべての科目がダメなのです。そのことに関しては、社会も数学も英語も、それ以外の科目も最初から覚えることが必要になってきます。

結局はどの科目を選ぼうと同じです。そうなれば腹をくくってやるしかありません。他の選択肢が見えていなかったのです。唯一、現代文だけは本を読んでいたので、ある程度解けるし、小論文もやればできそうな気がしていました。

詰まるところ3科目を仕上げていくのも2科目を頑張って仕上げるのも、変わるのは志望校の数だけです。僕的には、難易度は全然変わらないのです。どっちみちリスクのある選択ですが、むしろ僕の置かれた状況は受験勉強をすること自体が大きなリスクを抱えていたのです。

不思議なことにここまで追いつめられると、受験科目の選択によるリスクなんてどうでもいいことになってきます。だから2科目に絞るとリスクがあるなんて、正直なところあまり考えていませんでした。

――知識を定着させる勉強法を実践することから始まった

武田塾に入塾する前にも、1冊の参考書に取り組んでみました。でも、なんだか勉強したことが定着しないのです。勉強しているという実感も湧かないままに進んでいくのです。

武田塾に入塾して、まずやらされたのが知識を定着させる勉強のやり方です。まずは1週間に勉強する課題を与えられ、それを4日間かけて進めて、次の2日間で復習するという方法です。

このようにまったく単純な方法なのですが、復習の大切さと併せて、どのように復習するかを具体的に指示されるのです。

たったそれだけのことなのですが、それまでは中学2年生レベルの参考書でも100点満点で低いときは40点とか30点だったのですが、入塾して1か月後のマーク模試は200点満点で110点、3か月目のマーク模試では175点です。ちなみにセンター試験本番

では１９４点でした。そして最終的には、慶應義塾大学合格レベルの偏差値70を超え、実際の試験では８割の正答率です。

その英語の勉強に関してですが、前述したように夕方まで勉強したら、あとは自宅でのんびりと過ごしていました。そのようなときに英語を勉強する意味を自分で見出すことも必要だと思って、メジャーリーグで活躍する大谷翔平さんの英語の記事を読んだりしていました。

さらに受験勉強が後半に差し掛かったころから、僕は哲学的な話題や記事が好きなので、哲学系の海外のサイトで、だいたい１０００ワードくらいの記事があるのですが、それを読んでいました。

その結果、最初は英語も苦手だったのですが、受験が終わってみると得意科目は英語と現代文になっていました。もっとも何が苦手科目かと訊かれても、答えられないほど全部できなかったのです。それでも少々の好き嫌いはありました。

何が好きかと訊かれれば、小論文です。実学的というか、研究したことのレポートなど

をまとめる作業にも必要になってきます。

人の話も聞きつつ自分で考えて形にしていく作業ってすごく大変です。だから自分で考えるということを鍛えられるのは小論文だけのように思いました。言い換えれば、自分の考えを書いて、人に伝えて、自分を磨いていくことが好きなのです。だから試験科目を比較していえば、好きなのは小論文です。

でも小論文って、好きだけど難しいので、点数が取れません。英語と現代文は安定して8割程度は取れたのですが、小論文にはブレがありました。やはり好き嫌いと得意不得意は違うようです。好きだけど難しかったのが小論文です。

――そして実際の小論文の試験では

センター試験では、英語は２００点満点で１９４点、現代文は１００点満点で82点です。

ＳＦＣは総合政策学部と環境情報学部の両方を受けたのですが、総合政策学部不合格です。そちらの小論文のテーマは過去から未来への「データの分析」でした。２０１１年の国際フォーラムで未来の10のリスクが予想されていて、それを２０１９年になった今から、いろんなデータを使って、どれが合っているか当てなさいという設問です。それを軸にデ

ータの分析と、それがなぜそうなっているのかを解釈していくみたいな問題が２０１９年の総合政策学部での小論文の出題でした。

環境情報学部の方の小論文は、「デザイン思考」や「デザイン観察」です。人の動きを観察して、もっと良くなるようにするための思考を鍛えるといったことがベースにあって、その訓練をやったあとにＳＦＣ志望の受験生と教授が二人で散歩しているという想定です。散歩しながらＳＦＣのあれこれを文章と写真で紹介するのですが、その中からＳＦＣのキャンパスの欠点を見つけて、解決する手段を提示しなさいといった内容です。

僕が書いたＳＦＣの欠点は、階段がすごく多くて、移動が大変だということです。バリアフリーでないので、障害を持つ人が移動しづらいと指摘しました。

問題発見や解決のためには多様性が必要なのに、障害者が来づらい環境のために多様性を失う結果となっていることを提起して、その解決のためにユニバーサルデザインを取り入れるためのコンテストを開くべきだという提案をしました。

ＳＦＣの学生に、どうしたらユニバーサルデザインになるのか提案してもらい、その内容を実践して、障害を抱えている人に審査してもらって、一番良いのを選びます。そして

それと同時に、コンテスト中にいろんな人に呼び掛けて寄付を募り、そのお金をコンテストの優秀賞や実際にキャンパスで実現するための費用に充てるという提案です。

――SFCを目指し、そしてSFCで学ぶにはパッションが欠かせない

僕自身がＳＦＣに行きたいと思い続けて、その結果ＳＦＣに入ることができたのですが、ＳＦＣはいろんなことに興味関心を持つことややりたいことがすごく大切なところだと思います。

環境情報学部にしても総合政策学部にしても、２科目受験という集中しやすい試験です。だから、どの大学のどの学部に受かったということも大切なのですが、どこまでやりたいことを貫き通せるかということも問われているように思います。

やりたいことをやれるという自由の先の、その上でどのような能力をいかに身に付けるかが大切なように思います。だからＳＦＣって、パッションの強い人というか、そのような思考というか精神力が必要なようです。

僕も最初は、とりあえず大学に入っておこうといった考えだったのですが、ＳＦＣ出身の高校時代の寮監からチラッと聞いた話や、その後に寮監の知人に案内してもらったＳＦ

Ｃの研究室やキャンパス、そして武田塾でお世話になったＳＦＣの学生の石嶋講師の話。そのようなことが積み重なって徐々に、やはりどうしてもＳＦＣに入りたい。慶應義塾大学というよりもＳＦＣ、慶應義塾大学湘南藤沢キャンパスに行きたいという思いが強くなりました。

だから今、ＳＦＣに入って本当に楽しいです。以前ならば、やりたいことはあってもその手段が分からなかったのですが、ＳＦＣの学友は頭が良くてチャレンジ精神が旺盛な人たちばかりです。ここならば、みんなと協力し合っていろいろなことが実現できると思います。

ただし、自分から動かない限り得るものは少ないので、やはりＳＦＣを目指す人たちにはパッションを持っていて欲しいと思っています。

今僕自身、改めてコラボレーションやコミュニティづくりに注目しているのですが、やはり自分のやりたいことを煮詰めなおし、自分自身の芯ともいえるものを確立していく必要性をひしひしと感じています。ＳＦＣは、夢を堂々と語れる空間です。

だからと言って夢を空想するだけでなく、実現するためのこともたくさん教えてくれる、とてもロマン溢れる環境です。自分で考えて何かしたい人には、ＳＦＣをお薦めします。

担当教務より

教務担当：石井孝典（藤沢校校舎長）

志望校選択へのアドバイス

ＳＦＣに行きたいという意志があったので、それを実現するために、これくらい大変だけど大丈夫という話をしました。ちょうど武田塾から逆転合格で工業高校からＳＦＣに合格した石嶋君という講師が藤沢校で勤務することになったので、彼を見習えば、受験勉強が初めてでもやれると考えました。

生徒の性格、勉強法の問題点

ポジティブな印象です。高校の3年間は、受験勉強をやっていなかったので、普通ならば不安に感じるのですが、それを楽しむかのように取り組んでいました。

受験勉強指導の重点ポイント

講師の石嶋君が高校3年生の9月に入塾して半年でＳＦＣに逆転合格しているので、

彼に任せました。指導報告書で気になる点は共有しましたが、ほぼ彼の方針に任せていました。

途中経過と指導法の改善点

英語と現代文を個別管理Lで、さらに小論個別をやっていました。小論文の動画添削で柳田先生から厳しいメッセージがあって普通の人は面喰らうのですが、石嶋君のサポートと持ち前のポジティブさで乗り越えました。8月以降は英検準1級と1級の英単語をやってみようということになり、1級までの英単語も固まり、センター本番では194点を取れる状態になりました。

生徒の変化と指導上の留意点

受験勉強が初めてなので、石嶋君のアドバイスを素直に実践していました。入塾3週間で迎えた5月の河合塾マーク模試で110点が取れ、やったことが結果として出ることに気付き、取り組み姿勢がどんどんよくなりました。7月下旬のマーク模試では175点と65点も伸ばし、自信に満ち溢れていました。最初は苦戦した小論文も、

この頃には柳田先生から褒められる答案を書ける状態になりました。

受験直前期対策と合格のための選択

ＳＦＣ志望であるので、11月の早慶オープン（河合塾）、代ゼミの慶應プレでしっかり点数が取れるように準備しました。英検準1級、1級の英単語もこの頃には固まっており、武田塾の早慶ルートも終わっていました。過去問にも手を付けて早慶オープンを迎え、結果は総合政策がＢ判定、環境情報がＡ判定です。それでも油断しないように伝えましたが、本人も慢心することなく本番を迎えました。

これからの大学生活に期待すること

とてつもない成功体験を手にしたので、さらに才能を伸ばすようにどんどんチャレンジして欲しいです。失敗を恐れずに行動してください。すでに藤沢校の講師として勤務してくれていますので、後続のＳＦＣ合格者の育成にも期待しています。

合格体験記 6

おだてられて東京大学一直線！
併願なしで現役合格

武田塾の東大ルートに魅せられて、1年で参考書55冊を仕上げた

内海《うつみ》 晟《じょう》
現役合格

武田塾姫路校（兵庫県）
コース：宿題確認特訓S（数学・英語・日本史・世界史〔10月から国語に変更〕）

合格した大学

東京大学文科三類（太字が進学先）

略歴

兵庫県立姫路西高等学校卒

校則などもあまりなく、自由な校風の高校です。制服はあるのですが校則は大して厳しくなくて、生徒の自主性（意向）に任せる部分が多いと思います。男女比も1対1で偏差

値は70程度です。校舎もきれいだし、地元では播州一の進学校として知られています。

１年生のときから硬式テニス部に入っていたのですが、実力は下の方なので、ただテニス部に入っているだけという感じでした。レギュラーにはなれなかったのですが、それでも3年生の5月にみんなで部活を引退するまで続けていました。

受験勉強を始めたのは、もうすぐ3年生という2年生の最後のころです。周りがそのような感じになって来たので「乗り遅れたらあかんな」とやり始めました。でもその当時は成績もあまり良くなくて、２８０人中１００番程度です。だから受験勉強を始めたころはまだ東京大学なんて遥か雲の上の存在でした。

志望大学と受験科目

志望校を選んだ理由

単純にカッコいいからです。「僕は東京大学の学生です」と言うことが出来ればカッコいいかなと思って目指しました。最初に友だちや親に「東京大学を目指すよ」と言ったときは、みんな「はぁー?」となりました。それでも僕は本気でした。正直なところ当時の成績を考えれば、万に一つも入れるわけがありません。通っていた高校が自称進学校だと

いっても東京大学に入れるのはトップの一握り、せいぜい4、5人だけです。それなのに僕の成績は学年で100番程度ですから、友だちも両親も冗談程度に思っていたようです。

受験科目

　滑り止めの大学は受けず、東京大学一本に絞り込んで勉強してきたので、以下の科目です。

センター試験：国語、数学ⅠA・ⅡB、日本史B、世界史B、生物基礎、化学基礎

二次試験：国語、数学、英語、日本史、世界史

得意科目と苦手科目

得意科目：数学

　暗記するという感じでなく、幾つかの解き方を組み合わせて解くことがほとんどなので、それほど多くないパターンを覚えておいて組み合わせるだけで、点数が取りやすい科目でした。

苦手科目：国語（特に現代文）

東京大学の2次試験で求められるのが、作者の主張を掘り下げて深く理解することです。大体の主旨はなんとなく分かるのですが、なぞった程度の理解では点数になりません。底上げの努力はしたつもりですが、あまり克服出来ていなかったようです。得点開示を見ると、あまり良くありませんでした。それでも底上げの努力によって、それほど足を引っ張ることなく合格できました。

武田塾と受験勉強

武田塾との出会いと入塾したわけ

自分の部屋ではまったく勉強ができません。自宅だとテレビや漫画、ゲームもあるので、すぐにそちらの方に気を取られてしまいます。だからそろそろ受験勉強を始めようと思ったときに「自習室」「塾」で検索しました。そのときに検索ページの一番上に出てきたのが武田塾姫路校です。

武田塾の無料受験相談を受けたあとで武田塾に入塾したのは、勉強のペース管理が魅力的だったからです。それまでは勉強計画を立てても、そのとおりにできなくて挫折することの繰り返しで、修正ができませんでした。武田塾のやり方だと毎週毎週指示どおりにや

るだけなので、これならば僕でも勉強と計画の修正が出来ると思ったのです。

武田塾での日々と受験勉強

入塾前は学習計画も適当で、ごく普通に英単語帳や文法の参考書を眺める程度の勉強でした。それも参考書は1度通して勉強するとそれで終わりでした。入塾後は復習の頻度が圧倒的に増えました。4日進んで2日復習が武田塾のやり方ですが、それ以上に復習を繰り返して、徹底して頭に叩き込む努力をしました。その日の予定が終わっても、まだ時間があるようならば、もう1度復習です。

その結果、センター試験の点数は入塾前の600点程度が本番では800点以上まで上がりました。入塾前は志望校も決めていなかったので、模試で東京大学なんて書いていなかったのですが、そのころの模試の判定ならば、当然E判定だと思います。

私のお薦め参考書、ベスト3

①漢文早覚え速答法（学研マーケティング）

漢文の必要項目のほとんどがここに詰まっているような漢文のバイブルといった参考書

です。武田塾のルートでも、漢文を学ぶための最初の参考書として推奨されています。

②システム英単語（駿台文庫）

重要な順に英単語が並んでいます。全部覚えたら単語に関しては困ることなどほとんどないと思います。入塾前は単語帳を完璧にしたことがなく、パラパラめくって眺めるだけでした。入塾後は武田塾の勉強法でやって身に付けました。英単語ってめっちゃ重要です。僕の『システム英単語』はカバーはもちろん、表紙も剥がれてしまいました。それほど繰り返しやったということです。

③日本史B一問一答、世界史B一問一答（ナガセ）

日本史も世界史も、センター試験の点数が爆上がりします。僕の場合は多分それぞれ50点、合わせて１００点くらいは上がりました。もちろん頑張ってどちらも１冊を完璧にしたからです。

合格体験記——内海 晟

――不可能を可能にする参考書の数々

僕の通っていた姫路西高校は、地元では知られた播州一の進学校です。それでも東京大学ともなると、毎年せいぜい4、5人が入れるぐらいです。

一方で僕が受験勉強を始めた2年生の最後のときの成績は280人中100番ぐらい。「よっしゃ、東大を目指すで」と僕が言ったとしても、あまり本気にされませんでした。まして現役で東京大学に合格するなんて、当の本人である僕さえも想像すら出来なかったのです。それなのに、それからわずか1年後には東京大学に現役合格できたのですから、これこそ奇跡としか言いようがありません。

その奇跡をもたらしたものは、間違いなく参考書を使った自学自習でした。さらに僕は、東京大学しか受けていません。最初から他の大学への進学は考えていませんでした。

そのような僕ですが、もうすぐ高校3年生という時期になって、受験勉強を始めようと思いました。そのころには周りのみんなが結構勉強を始めていたのです。だから最初は「乗り遅れたらあかんな」といった程度の意識でした。そのあと高校3年の5月までは硬式テニス部の活動もあったので、ともかく少しだけでも準備を始めようといった程度です。

ただしそのように思ったものの、僕には自宅で勉強するという習慣がありません。自宅

だとテレビもあれば漫画やゲームもあるので、すぐにそちらの方に気を取られてしまいます。だからまずは勉強場所を決めなければと思って、「自習室」「塾」で検索しました。

そのときに検索ページの一番上にあったのが武田塾姫路校でした。


さっそく無料受験相談に出向いたのですが、今現在の実力から合格を目指すには何が必要か、武田塾の東大ルートを示してもらいました。試験に間に合わせるための計画や受験科目との折り合いを考慮し、武田塾で勉強する場合のコースの説明もしてもらいました。

そのときに感動したのが、東京大学に合格するために取り組むべき参考書の紹介です。僕自身、予備校の授業などを受けていては到底、東京大学合格など不可能だと思っていたので、取り組むべき参考書についてはある程度調べていたのです。それなのに僕の全然知らない参考書が次々と紹介されて、なぜその参考書に取り組むことが必要なのかも教えてもらったのです。

参考書の一覧を見ているだけでもワクワクしてきました。これらの参考書を完璧にやれば、東京大学合格も夢ではないと思えたのです。

――迷うことなく目の前の宿題に取り組めた

入塾してからも5月までは硬式テニス部の活動が続いていました。もちろん僕のテニスの腕前なんて大したことがありませんからレギュラーにはなれません。それでも5月にみんなが硬式テニス部を退部するまでは続けようと思っていました。ですから武田塾に入塾してからもしばらくは宿題の量を調整してもらっていました。

本格的な受験勉強を始めたのは硬式テニス部を辞めた5月以降ですが、それまでも武田塾の宿題に取り組んでいたので、徐々に勉強する習慣が付いていきました。何しろそれまでは定期試験以外に勉強する習慣もなければ、思い付きで勉強したりやらなかったりと波があったのです。

武田塾の場合は1週間単位で、宿題と確認テストが繰り返されます。だから毎日、今日は何をすべきかが明確なので、毎日勉強することが当たり前になっていきます。

気が付けば勉強の習慣も付いていたし、4日進んで、そのあとの2日は復習に充て、1週間後には本当に身に付いたかどうかを確認テストでチェックするという勉強法も身に付いていきました。

その武田塾で毎週行う確認テストでは常に9割くらいの正答率を維持していました。残りの取れなかった1割は、科目が多すぎて手が回らなかったり、ボーッとして書き忘れたりしてしまったからです。本番の試験では、そのようなケアレスミスはしなかったのですが、確認テストでは、ぼんやりしていたり疲れていたりで点数の取りこぼしもありました。

それでも本当にびっくりするくらい順調に勉強が進んで行きました。やるべき参考書や勉強法についての迷いがなかったからだと思います。もちろんやるべき参考書の量に圧倒されることもあったのですが、それでも勉強のペース管理は武田塾がやってくれます。だから目の前の参考書を1冊、また1冊とやり続ければいいのです。

受験勉強が終わったときに数えてみたら、これは完璧にやったなと思える参考書だけでも55冊にもなっていました。多少飛ばしたところもありましたが、基本は全部やり切ったと自信を持って言えます。自分でも驚く勉強量でした。

――「君は出来る」「君なら出来る」と言われ続けた

それだけの量の勉強を続けることが出来たのは、武田塾の新谷校舎長と塾経営者の森川先生のお蔭です。顔を合わせるたびに激励してくれました。

模試や確認テストの結果を見て「順調だね」「その調子だよ」「やるねー、さすがだね」と声をかけてくれるのです。僕は褒められて伸びるタイプなので、このまま勉強すれば東京大学に合格できると暗示にかけられていたようです。

誰が考えても無謀に近い挑戦だった東京大学受験に対して、スランプらしいスランプも経験せずに、すっかりその気にされて頑張り続けることが出来たのは、新谷校舎長と森川先生からの暗示というかマインドコントロールのお蔭だったのかもしれません。

そして同じように武田塾の御茶ノ水本校のサイバー講師、中川原先生とのやり取りも刺激になりました。中川原先生は東京大学への受験経験もある慶應義塾大学の学生です。東京大学合格を目指す僕のために、インターネット通信を使って僕の勉強のペース管理、つまり毎週の宿題を出してくれていたのです。

中川原先生には、東京大学の出題傾向について「これは頻出されるよ」といったアドバイスや勉強の進め方、「夜はちゃんと寝た方がいいよ」といった生活面についてまで指導してもらいました。

「おまえなら出来る」と励まされることもあれば、「こんなんじゃダメだ」と叱責される

ことをありました。飴と鞭を使い分けながら導いてくれたのです。

受験科目すべてについての勉強計画の立案や、そのとおりに出来なかったときの計画の修正などを、一つひとつ丁寧に相談しながら考えてくれました。だからこそ焦りや不安など、余計なことを考えることもなく、ただ目の前の勉強に集中することが出来たのです。

――すべてを東京大学合格のために費やした

高校の定期試験対策は一切していません。定期テストの試験期間もずっと武田塾の宿題をやっていました。大学受験へ向けての基本的な学力が付いてくれれば、自ずから学校の定期テストでもある程度の点が取れると思っていたのです。

今、あのころのことを振り返ると、そのように割り切って東京大学合格へ向けての受験勉強に集中したからこそ、現役での東京大学合格が可能になったのだと思います。

参考書を使って自分のペースで勉強を続けたことも良かったと思っています。2次試験での論文対策なども高校の先生に添削してもらった方がいいのですが、添削を受けるための事前の申請などの仕組みが面倒臭くて利用していません。提出の期日などといった制

約がいろいろあって、自分のペースで勉強するのが厳しかったのです。

だから僕の場合は自分で解答と見比べて、どういうプロセスでその解答に至るかなどの解説を読むようにしました。


最初に部活を続けながら武田塾に通い始めたころは、6時に部活を終えたあと3時間ぐらいは武田塾の自習室で、部活がなくなったあとは4、5時間くらい武田塾の自習室で勉強していました。休日はお昼近くまで寝て、そこから8時間ほどの勉強です。

入試直前期にはかえってペースダウンです。1日5、6時間しかやっていなかったのです。センター試験の手応えが良かったので、これならいけると驕りが出てしまったのかもしれません。過去問を解く要領などもつかむようになり、一日のノルマが早く終わってしまうこともあったので、そのせいもあったように思います。

効率良く勉強するには気分転換も大切だと思っていたので、移動のときなどの隙間時間はほとんど休憩です。その代わり勉強するときは全力で取り組むようにしていました。

もう一つの僕の受験対策は、自分は出来る奴だと思い込むことでした。まさにナルシストそのものです。センターリサーチの結果、判定はCだったのですが、センター試験本番

の自己採点は結構良かったのです。今までの最高点を大幅に更新して、正解率が大幅にジャンプアップしたのです。

「本番に強いなぁ」と自分でも思いました。これなら行けると思っていました。やはり自分に自信を持つことが、本番で最大限の力を発揮するために必要だと思います。

——ぜひ、自信を持って突き進んでください

僕は出来る男だと自分に言い聞かせていたし、自分でも「本番に強い」と思っていました。それでも「受かるわけがないかー」といった不安もあって、もう一浪して東京大学を目指すしかないかと思っていました。浪人したときは春から河合塾に行こうかなと、今から思えば珍しくナーバスになっていました。

そして合格です。本当に東京大学に現役合格できたのです。

両親に報告して、従妹やお祖父ちゃんやお祖母ちゃんに電話しました。友だちみんなにLINEで伝えました。そしたらすっかり近所に広まってみんなが大喜びしてくれました。

タバコ屋のおばさんにまで「東大に受かったんけ？　ほんまに凄いなー」と言われました。「さすがー」「行けると思ってたでー」など、僕は近所の人たちには勉強できる系キャ

ラクターだと思われていたので、周りの方が結構行けると思ってくれていました。本当は自信がなかったのですけどね。

今、当然ですが周りは東大生だらけです。だから「オレ、東大生やぞ！」といった感じはありません。最初に東京大学に行こうと思ったときは、「ボクは東京大学の学生です」と言えばカッコいいと思っていたのですが、周りがみんな東大生では自慢することも出来ません。

だからというわけではないのですが、僕でも東京大学の学生になれたのです。周囲の応援を味方につけて、自分は絶対合格できると思うナルシストになればいいのです。たったそれだけのことで、あとはひたすら突き進めばいいのです。

最後にもう一度言います。僕は天才でも秀才でもガリ勉でもありません。ただ武田塾の『東大ルート』の参考書で勉強しただけです。自分を信じて、周りの声援を力にして、最後まで頑張ってください。

担当教務より

教務担当：新谷晃輔（姫路校校舎長）

生徒の性格、勉強法の問題点

非常に温厚で素直な性格をしており、サイバー講師とも特訓を通して上手くコミュニケーションが取れていました。勉強法も講師とよく相談していたようです。

受験勉強指導の重点ポイント

現役生ということで学校と塾とをいかに両立させるかが重点ポイントとなりました。内海君の場合は、学校のことは割り切って塾を優先してくれたことが大きかったと思います。

途中経過と指導法の改善点

マーク模試は試験のたびに得点が伸びて、非常に順調でした。ですので比較的早い時期にセンター試験対策の目途も立ち、2次試験対策に力を入れることが出来ました。

生徒の変化と指導上の留意点

自習室で過去問を解いている姿をよく見ました。内海君自身が東京大学の問題に手応えを感じて、これなら何とかなると思えたことが大きな変化だと思います。

受験直前期対策と合格のための選択

センター試験直前期でも2次試験対策を重視するという冷静な判断と度胸を持ち合わせていました。何を優先するべきか自己分析が出来ており、教務サイドとしては見守るだけでした。

これからの大学生活に期待すること

受験期は東京大学に行くことだけが目標でした。将来の目標はまだ決めていないようですが、大学でさまざまなことを経験して、自分の進むべき道を見つけて欲しいです。

合格体験記 7

LINEアプリも消去して背水の陣で大阪大学逆転合格

今さら授業を受けていたら志望校合格が遠のく

北條《ほうじよう》 拓《たく》也《や》
既卒（一浪）

武田塾大阪校　コース：個別管理特訓LL（数学、英語、生物、化学）

合格した大学

大阪大学理学部化学科／立命館大学生命科学部（太字が進学先）

略歴

大阪府立池田高等学校卒

男女共学で自由な校風の府立高校です。生徒会が中心になって、さまざまな課外活動を活発にやっています。自分が入学したときの偏差値は63でした。これは今も変わっていな

いようです。

水泳部に入って、部長も務めました。専門は個人メドレーです。特別目立つほどではないのですが、大阪府の高校全体で一定のレベルを超えた人が出られる大会があるのですが、自分も一応参加標準記録以上だったので参加していました。

本格的に受験勉強を始めたのは、高校3年生の6月に水泳部を引退した、その翌月の7月からです。現役でも大阪大学を受けたのですが、ほぼ予想通り不合格でした。そのあと1週間ほどは、ポケーッと何も考えずに過ごしていたのですが、再度大阪大学を目指すために浪人生活を決意しました。

志望大学と受験科目

志望校を選んだ理由

一番は、それまで通っていた池田高校の最寄り駅と大阪大学の最寄り駅が同じで、家からかなり近いので通いやすいということがあります。あとは国公立大学だけあって研究力が高いのです。あまりにも身近過ぎて、オープンキャンパスは行っていません。近すぎて「ああー、阪大だろ」みたいな感じです。大阪大学を志望している生徒が何人かで、研究

している様子を見に行ったこともありました。

志望学部は理学部です。受験科目として生物を選んだのですが、2次試験を生物で受けられるのは医学部、歯学部、薬学部、理学部の四つだけです。その中で自分がやりたいことに一番近いと思ったのが理学部でした。真理を追究するって言えばかっこいいのですが、コンピュータがなぜ動くのかというような原理を考えるような学部です。そこに結構興味があったので、自ずから大阪大学理学部を目指すことにしました。

受験科目

2次試験：数学ⅠA・ⅡB・Ⅲ、英語、化学、生物

その他のセンター試験科目：国語、地理

得意科目と苦手科目

得意科目：化学と生物

反応の過程などを、例をもとに考えるような思考問題が好きでした。化学は暗記事項が多いと思われがちですが一つひとつの反応がどのような理論に沿って進んでいるのかと問

題文を見て考えるのが好きなのです。得意だったというよりは自分の性に合っていたという感じです。

苦手科目：国語

２次試験にはなくセンター試験だけの科目です。理系にありがちだと思いますが、抽象的なことが耐えられません。なんでそうなるかも分からないし許せないって感じです。古文などは「何のために勉強するねん」「読みたい人だけが読めばええやん」みたいな感じのスタンスです。それにプラスして主語を省略するのは、書き手からは当たり前だから省略しているようですが、なんのために省略するのか分からず、特に古文での主語の省略や心情を読み取ることができませんでした。

武田塾と受験勉強

武田塾との出会いと入塾したわけ

浪人が決まったあと、予備校の資料請求をしようとネットで「大阪」「浪人」で検索したら武田塾がヒットしたのです。そういえば高校の前でティッシュを配っていた塾だという記憶があったので、ＨＰを覗いてみました。

現役のときには別の塾に通っていたのですが、そこが授業中心の塾で、特に数学などは１時間半の授業で大問３個程度しかやらないので、全然先へ進みません。１時間半もの貴重な勉強時間をたった３問の解説だけで終わらせるようなやり方では、現役のときの失敗をまた浪人で繰り返してしまいます。そのことだけは避けたいと思っていました。

だから個別指導塾か独学支援塾みたいな塾を探していたのですが、武田塾と並行して四谷学院も検討しました。そのときに四谷学院の良い面もあるのですが悪い面を見たときに自分が望んでいるものと違うと思ったのです。それに比べれば武田塾の方が自分に合っているというか、長時間拘束されることなく、自分のペースで勉強できるように思いました。併せて合格までの明確な指針も得られるように思ったのです。

武田塾での日々と受験勉強

入塾前と入塾後で一番変わったのは、今日一日は何をして、その結果で何がどうなったらいいのかが明確になったことです。勉強って長期的に計画を立てないと上手くいかないのですが、どうしても目先のことが気になるので、その部分を総合的な視野から見てもらえたことが良かったと思います。

武田塾での毎週の確認テストは、前半は80パーセント程度の正答率ですが後半には90から95パーセントの正答率を維持するようになりました。校舎長や担当の講師の先生が、必要なときははっきりと注意して、常日頃から励ましてくれたお陰です。もともと短期間で集中して対策できるタイプなので、1週間毎に区切りをつけるというペースも良かったようです。

私の日常生活と勉強

8時から9時の間に起床、午前中は数学3時間程度、午後からは英語1時間半、化学・生物3時間半、国語2時間、地理1時間の勉強です。移動時間も惜しいので、主な勉強場所は自宅でした。

受験直前期になると、本番の試験に備えて7時起床、ここまでくれば余計なことはしない方がいいと割り切って暗記事項だけの確認です。

私のお薦め参考書、ベスト3

①大森徹の最強講義117講生物（文英堂）

生物の講義系参考書はこれ1冊で十分です。十分すぎました。これを逸脱する問題はこの世で誰も得点できないとすら思っています。

②ハイレベル数学Ⅰ・A・Ⅱ・Bの完全攻略、ハイレベル数学Ⅲの完全攻略（駿台文庫）

数学の問題集です。解答が参考書の大部分を占めています。別解や解答に至るまでの視点が非常に興味深く、実際にほとんど同じ問題が大阪大学の入試に出ていました。武田塾のルート外の参考書ですがお薦めです。

③きめる！センター現代文（学研マーケティング）

センター試験の国語が苦手だった僕が、大阪大学の受験に対応できるレベルにまで得点できるようになった一冊です。何周も、繰り返して解法を叩き込みました。

合格体験記——北條拓也

——心機一転、1週間の空白を経て阪大再挑戦へ

「ああ、やっぱり駄目だったかー」

現役で受験した大阪大学の合格発表があったのは3月上旬です。そのあと1週間ぐらいは虚脱状態でポケーッとしていました。そろそろケジメを付けて、何かやらなければとネットで「大阪」「浪人」と漠然としたキーワードで検索したら武田塾が出てきました。

これもプロフィールに書きましたが、高校時代には別の塾に通っていました。その塾が授業中心で、数学などは1時間半の授業で大問3個程度しかやらず、全然先へ進まなかったのです。あれでは受験勉強の貴重な時間が奪われてしまうと思っていたので、自学自習が中心の武田塾の勉強の進め方に興味を持ちました。

武田塾では当時は副校舎長だった三壺さんという方が受験相談に応じてくれました。そのときに開口一番聞かれたのが「昨日の晩御飯、何を食べたか覚えている？」でした。

勉強するうえでまず知っておくべきことは、記憶してもすぐに忘れてしまうことだと言

うのです。そのことをどのように改善するかが、より効率的に勉強を進めるために欠かせないと聞かされました。記憶と復習の大切さについての話です。

それでなくとも自学自習しないことには成績は伸びないと、現役時代の勉強とその後の受験失敗で痛感していました。もう高校時代の失敗は繰り返さない、授業スタイルで時間を奪われることを避けたいと思っていました。

自分が進学塾に一番求めていたことは、一つには自学自習を中心に自分のペースで無駄なく勉強することでした。それでも一人でやっていると自分の立ち位置というか、大阪大学合格のための自分の実力のほどが分かりません。

その点で武田塾には、参考書を使った志望校合格までのルートが明確に示されていて、そのための1年間の計画があって、さらにはマイルストーンともいうべき段階突破テストが設定されているのです。何を、いつまでに、どのようにしてやるかまで具体的に示されていることに惹かれました。

――やると決めたら徹底的に無駄を排除

一番の無駄は授業を受けることですから、武田塾に入塾することによって一つ目の無駄

は排除されました。次にやったのが、携帯に入っているアプリを全部消すことです。ＬＩＮＥなども全部消したので、連絡できる友だちもゼロになりました。完全に周りを断ち切って、とりあえず1年間は受験勉強に集中すると決めたのです。

もう一つの無駄の排除は勉強する場所に関してです。武田塾は授業中心の塾や予備校でないので、特訓と呼ぶ指導も週に1度です。自分の場合は科目の関係で特訓が金曜日と土曜日だったので、金曜日と土曜日は武田塾で勉強していました。それ以外の日曜日から木曜日までの5日間は、移動時間が惜しいので家で勉強です。家ならばで起きてすぐ勉強した方が効率的じゃないかと思って、家でしていました。

やはり大阪大学を目指すには、大阪大学に合格するための勉強に費やさなければならない絶対的時間もあり、勉強の絶対量もあるように思います。まずは無駄を省くことから、1年間の勉強の環境を整えたのです。

あとは武田塾から示されたルートに基づいて計画を立てることが必要になって来るのですが、これも武田塾に入ったことによって、スケジュールを逆算する力がかなりついたように思います。そしてあとは武田塾から1週間の課題が具体的に提示されます。参考書の

どこからどこまでをやってくるか、ときにはやり方も含めて指示されるのです。まったく無駄がないというか、1週間にやるべきことが示されて、1週間後には確認テストです。その確認テストで80点以上を取らないと先へ進めない仕組みです。

この確認テストですが、もともと自分は短期間で集中して取り組んで仕上げることが得意でした。自分は高校で水泳部の活動に夢中になっていたのですが、どの部活でも定期試験の1週間か2週間ぐらい前から部活を中断して試験勉強に集中します。だからだと思いますが、試験対策を1～2週間で固めるのに慣れているのです。でも逆に、短期集中型の勉強は得意でも、大学受験のように継続して長期的に取り組む習慣はなかったのです。それが現役のときの大学受験の失敗の一因だったように思います。

それでも武田塾ならば、まずは志望校合格までの明確なルートがあって、さらに個々人の今現在の到達点から合格までの長期的スケジュールが立てられて、そのうえで今週何をすべきかという具体的な計画へと細分化されているのです。

ここまでくれば、今週の課題にのみ集中することができるので、短期集中型ともいえる自分のやり方が生きてきます。実際のところ前半の確認テストは80点をクリアし続ける程度だったのですが、後半では9割以上、9割5分程度を取り続けることができました。

――大阪大学理学部の配点とセンター試験対策

大阪大学の理学部の配点は、センター試験3割、2次試験が7割です。だからセンター試験にこだわり過ぎてもよくないと思っていました。だからというわけではないのですが、センター試験を想定したマーク模試の成績は、良くてもC判定、だいたいがE判定やD判定でした。

それでも武田塾に入る前のセンター模試は6割5分程度だったのですが、1年後には20パーセント弱ぐらい伸びて84パーセント程度まで取れるようになりました。大阪大学を受けるにはいくらセンター試験の比重が小さいからと言って、8割以上は必要だと思っていたのです。

2次試験の科目以外で、センター試験で受ける科目は国語と地理です。前述のようにセンター試験の占める比率が3割なので、2次試験中心に勉強を進めていき、センター試験直近の1か月間に集中してセンター試験対策に取り組みました。今振り返っても、この方法がちょうど良かったと思っています。併せてセンター試験って、例年の問題構成があま

り変わらないというか、似たような設問が出てきます。講師の先生たちからも、その部分だけをしっかり押さえておけば、ある程度の点数は取れると聞いていました。

センター試験の配点が3割だと書きましたが、その3割のうちの1割が一番苦手な国語です。要は、１００点満点の合計３００点の中の１００点が国語なのです。センター試験の中での国語の占める比率がここまで大きいと、何らかの対策が必要です。そのときに役立ったのが、『私のお薦め参考書、ベスト3』にも紹介した『きめる！センター現代文』です。

センター試験の国語って、ある程度のキーワードが幾つかあって、ちゃんと含まれているか含まれていないかみたいなことが大きいと思うので、その部分をどうやって読み取るか、もしくは小説だったら心情部分をどういう部分で探していくかということになります。この参考書には、その具体的な例が提示されているので、それをしっかり自分の中に染み込ませていきました。センター試験の過去問などを使い、どうやって当てはめるかも考えて、少しずつですが点数が取れるようになりました。

本番のセンター試験に関してですが、1か月前とか2か月前とかだったら、あとこれをやったらいい、これをやったらいいとかなると思うんですけど、1週間前とかになってくると、どこに手をつけたらいいのか分からなくなるというか、迷ってしまうことがあります。その点では新しいことをやるのじゃなくて、過去にあったものを復習するだとか、他にも集中力を高めるための練習として、普段の勉強しているときから周りに雑音と言ったらなんですけど、ちょっと騒がしい状況を常につくって勉強する、そういう話はしてもらいました。

——大阪大学以外の旧帝大の過去問を解きまくった

本番の2次試験対策ですが、大手予備校のプレ問題や過去問を解きまくりました。それも大阪大学の過去問だけでなく東京大学、京都大学、東北大学など、旧帝大の過去問を解きまくっては、逐一添削してもらって穴をつぶしていきました。

大阪大学の過去問はあくまで過去問なので、同じ問題が出る可能性はありません。そのように考えると大阪大学の過去問だけを解いても効率が悪いと思ったのです。大手予備校が出している大阪大学の実践問題集も3年分とか5年分あるので、それも一つひとつ解い

ていきました。

例えば英語の場合は、大阪大学では英作文が点数配分で5割を占めています。英作文を落としてしまうと、どう頑張っても5割以下の点数になります。英語を担当してもらった講師の先生が、英作文が上手いというか、大阪大学の英作文についての知識が豊富な方だったので、「ここはこういう書き方の方がいいよ」など、いろいろと添削してもらいました。

自分がどのようなミスを起こしやすいかも、ある程度は研究しました。もっとも、どういうところでミスしやすいか分かっても、ちょっと気が緩んだらやっぱり失敗してしまいます。それ以外にも、普段は普通に解けているのに、なぜか急に解けなくなることもありました。

本番で、そのようなミスをしてしまうと大変です。それを防ぐためにはどうしたらいいのか。そのために模試を受けるときなどに、どのように問題を解いていくといいかなどを考えました。

例えば記述式での数学の計算ミスについてですが、大問1から大問5とか大問6まであ

ると思いますが、一通りさっと問題に目を通して、どういう順番で問題を解くのかを考えます。あらかじめ少し解いてみて、それで解くための方針が立ちそうならばそのまま計算を進めていくって感じです。

さらに計算を進める場合でも、すぐに解答用紙に書くのでなく、試験用紙の問題文の端っこに、簡単でいいので、何をして何をして何をしたらこういう値が出てくるから、これを利用して解に導くみたいな簡単なルートをメモします。それを逐一確認しながら埋めていくという方法を取りました。

講師の先生もその方法で計算ミスを防いだと言っていたのですが、自分にも一番合っている方法だと思えたので採用しました。

数学は問題が難しくなると、計算にかける時間と考える時間の配分が難しくなってきます。できるだけ考える時間を増やして、解く時間はできるだけスピーディに終わらせたいのですが、計算時間を短縮しつつミスを減らすことは難しい課題です。やり始めたころは結構時間もかかっていたのですが、それでも回数を重ねて行くにつれて、着実に解く時間が短くなっていきました。

――受験勉強って順調なようでも山あり谷ありです

浪人してからは、ただ単純に武田塾から提示される宿題を黙々とこなし、1週間後の確認テストや段階突破テストで合格点を取り続ける日々です。それを続けさえすれば大阪大学に合格できるという半ば妄信に近いものもありました。それでも、幾度も不安にさいなまれる時期がやってきます。スランプという言葉だけでは表現できないような不安が押し寄せてきます。

例えば模試ですが、河合塾のマーク模試の第1回と第2回は受けたのですが、第3回を受け損なってしまいました。申し込み開始日を見過ごして、申し込もうと思ったときには近隣の受験会場が満席だったのです。受けられる一番近い会場でも兵庫県の外れという状況だったので、第3回の模試を受けることを断念しました。

そうなると、自分の現在の到達点がどこにあるのか不安になってきます。もちろん武田塾の確認テストや段階突破テストも順調で、校舎長や講師の先生からも「問題ないよ。心配しなくても大丈夫だよ」と聞かされるのですが、もやもやとした不安は広がるばかりです。

ネットでは、模試のときにはこのくらいの成績だったけれど、どこどこの大学に受かり

ましたみたいな書き込みなどがあります。そういうのを見て、どのように勉強したら、どのレベルまで上げることができるのかの具体例を知ることができます。そういった書き込みを見ては、気持ちを落ち着かせたり、まだ諦めるには早すぎるなと思ったりしていたのです。

受験生にとって、やはり精神的に一番不安定になるのは受験直前期です。そして、まず突破しなければいけないのがセンター試験です。

もともとが夜型で朝に弱かったのですが、いざ試験ともなると生活パターンそのものを変えざるを得ません。年明けから徐々に早寝早起きを心がけました。

受験直前期には新しいことをやるのではなく、「今までやってきたことの復習と暗記に集中すべきだ」と校舎長や講師の先生たちからも幾度も注意されていました。確かに、新しい問題などに取り組んで上手く解けなかった場合など、「このままじゃ、ヤバイ！」という気持ちに陥って焦り始めると取り返しのつかないことになってしまいます。「大丈夫。やるべきことはやってきた」「あとは実力を発揮することに集中すればいい」と、やってきたことの再確認に集中しました。

最初の関門ともいえるセンター試験は、当日の気の持ちようが大きく成績に反映するようです。前の日にちょっと気持ちが落ち込んだだけでも影響します。前日には「よーし、これも再確認できたぞ」と暗記事項の見直しや、今までやってきた参考書の見直しに徹することにしました。

──サーバーダウンで遅れた合格発表

そして迎えた受験本番です。センター試験も2次試験もほぼ問題なく答えられたと思います。やがて合格発表の日が来ました。大阪大学の合格発表は朝の9時、ネットではそれまでの発表形式と違って、受験生各人がボタンを押したら「合格」「不合格」が即座に表示される仕組みになっていました。「なっていた」というよりは「なっていたはず」だったのです。

その当日の朝の9時には、まだ寝ていました。自信満々だから寝ていたのではなくて、「もし落っこちていたらどうしよう……」と見たくなかったのです。それでも見なくてはならないので、「じゃー、10時には見よう」と心に決めました。

ところが10時になって、もう見るしかないとネットでアクセスしても映らないのです。「えっ！　なんでー？」とネットニュースで検索したら、前述のように一人ひとりの「合格」「不合格」を表示するシステムに切り替えたために、負荷がかかり過ぎてサーバーがダウンしたそうです。

そうなると、結果を見たくなくて10時まで見なかったことなど忘れてしまって、結果が気になります。まだかまだかと待っていたら、12時過ぎになってようやくネットにアップされました。

ただし一人ひとりに「合格」「不合格」を知らせる方法ではなくて、合格番号の一覧が出てくるだけの従来の方法です。

その一覧を見たのですが、あるはずの番号がありません。「えーっ！」と焦ったのですが、何のことはない物理学科の合格発表を見ていたのです。

改めて化学科を見たのですが、「ない」「ない」「なんでないんや」「ヤバイ、落ちた」と思ったのですが、よくよく見たら右側のレーン1列が画面からはみ出しているようです。

そっとスライドさせると、ありました。自分の番号がパッと目につきました。ホント、

ビビりました。そして嬉しいというか、ほっとした気分です。とりあえず長かった大学受験が終わったなという感じになりました。アフリカ赴任中の父にも、「阪大に合格できたよ」とメールを打ちました。

――合格するにはわけがあると思っています

大阪大学に入学してみると、難関大学と言われているだけあって、いろんな人がいます。まったく考え方の違う人もいて、「そうか、そういう考え方もあるんや」と感心することもたびたびです。

韓国やシンガポールが国籍の人なども身近にいますが、今さらながら異なる文化に驚かされています。大学で学ぶレベルのことを、すでに高校で修得している人もいますから、「ワー！　すごいなー」とビックリです。

今だから言えるということもあるのですが、1年間浪人して勉強と格闘して、志望校だった大阪大学に合格できたのは、それなりの理由というか、経緯があったからだと思います。

一番良かったことは、自分の行きたい志望校の大学の配点と自分の得意分野、もしくは

苦手分野をしっかり見極めて、どのように勉強すれば合格できるのかが明らかになったことです。それも武田塾のルートのお陰もあって、逆転合格のための最短距離を突っ走ることができました。やはりいかに効率よく勉強するかが大切です。

模試の結果がＥ判定だからと落ち込む人もいますが、むしろ最近はＡ判定だったけれど落ちた、Ｅ判定でも受かったという話を数多く聞きます。やはり模試はその結果よりも、そこから次の勉強の指針を見出すことの方が大切なように思います。

やはり浪人してまで難関大学を目指す選択をしたということは、それだけの覚悟を持って始めたはずですから、自分で妥協せずに最後まで突き進む意志も必要だと思います。

浪人が決まったあと、スマホの中のアプリはすべて、それこそ友だちと連絡を取り合うためのＬＩＮＥアプリさえ消去して、背水の陣で浪人生活に突入しました。これも自分なりに、自分をそこまで追い込んで自分を鼓舞したのですが、人それぞれなので自分に合った方法を考えて欲しいと思います。

ただ言えることは、覚悟も決意も本人次第だということです。あとに続く受験生の皆さんが、それぞれに最適なやり方で、夢を実現することを願っています。

担当教務より

教務担当：井上友樹（大阪校校舎長）

志望校選択へのアドバイス

センター試験の結果次第で滑り止めに別の大学も考慮に入れてはどうかと話しましたが、大阪大学に対して特別な思いを持っていたので、その気持ちを尊重しました。

生徒の性格、勉強法の問題点

こちらの期待の120パーセントを実現する生徒です。勉強法においては、問題らしい問題点は見つかりませんでした。過去問に入る時期も9月ごろと非常に早く理想的でした。

受験勉強指導の重点ポイント

いかに早く過去問とぶつかって、自身の課題を見つけられるかが勝負所でした。そのためにも1ランク下の段階突破テストをいつまでに合格させるかを意識して指導し

ていました。

途中経過と指導法の改善点

入塾直後から非常に順調に進んでいき、5月末には日大レベル、8月末には地方国公立レベルの段階突破テストに合格していました。そのままの勢いで最後まで突き進むことができました。

生徒の変化と指導上の留意点

8月末ごろには、解答のときに表面的な知識による記述のみでなく、なぜそうなるのかを根拠をもちながら解答できるように変化したと感じていました。

受験直前期対策と合格のための選択

直前期は過去問演習→課題の分析→対策のサイクルを繰り返していました。段階突破テストを目標通りに突破できていたので、志望校の入試対策に時間をかけることができました。

これからの大学生活に期待すること

素晴らしい快進撃でした。大学受験がすべてではないのですが、この1年で「出来ない」を「出来る」にした経験は、今後の人生においての価値観にも関わる良い経験だと思います。このままの勢いで、大学で存分に学び、良い人生を送ってください。

合格
体験記
8

東京外国語大学に特化した英語対策で現役合格

音読して、聴いて、復唱を繰り返した受験勉強の日々

中野洋子《なかのひろこ》
現役合格

武田塾横浜校（神奈川県）
コース：独学支援特訓Ｓ
（英語、世界史）

合格した大学

東京外国語大学国際日本学部／国際基督教大学教養学部アーツ・サイエンス学科（太字が進学先）

略歴

横浜市立南高等学校卒

附属中学ができて2期目の入学です。偏差値は61だそうですが、英語の授業に力を入れていて、ＳＧＨ（スーパーグローバルハイスクール：国際的に活躍できる人材育成を重点

的におこなう高等学校）として文部科学省の指定を受けています。

元からあった南高（市立南高等学校）は、「お祭り学校」といわれるほど伝統を受け継いだ行事ですごく盛り上がる学校です。そのような高校で生徒会の会計を担当していました。

志望大学と受験科目

志望校を選んだ理由

将来の夢が特になくて、なるべく家から通える国公立大学で、自分に合っていそうな大学を目指しました。併願校の国際基督教大学は、入学後に専攻を決めることができるので、ここもまた今の私に合っているように思えたからです。

受験科目

センター試験：英語、国語（現代文・古文・漢文）、数学ⅠA、理科基礎2科目（化学、生物）、世界史B

2次試験：英語（スピーキングも）、世界史

得意科目と苦手科目

得意科目：英語（なんとなく好き）
苦手科目：数学（全然練習をしていないから解くのが遅い。受験直前にはたくさん練習するようにした）

試験ごとの対策

センター試験対策：東京外国語大学はセンター試験の配点が高い。武田塾のルート以外の参考書に手を出したこともあるのですが、1冊の参考書を完璧に勉強するように心がけました。

2次試験対策：同じく参考書を完璧に仕上げることを心がけました。東京外国語大学の試験方式に特化して、特に世界史論述の対策をしました。

武田塾と受験勉強

武田塾との出会いと入塾したわけ

先輩が通っていたので武田塾の存在は知っていました。ホームページでも検索して、高

校2年生の秋に無料受験相談を受けました。それまでは東進ハイスクールに通っていたのですが、授業だと寝てしまうので、武田塾での勉強法の方がいいと思いました。

武田塾での日々と受験勉強

武田塾に入塾してからは参考書をフルに使うようになりました。参考書を使った武田塾の勉強法で、高校3年生の秋過ぎからは、安定して成績が上がるようになりました。

高校3年生の夏の模試での東京外国語大学はE判定だったのですが、秋から冬にかけての模試ではB判定、直前の模試ではA判定と、着実に力を付けられたと思います。

私の日常生活と勉強

塾の自習室、高校の教室（放課後）、隙間時間はリスニング音源（TED、キムタツ）を聴く&口パク。歩きながら、電車に乗りながらヘッドフォンで。TEDはネットで観られる。部活などと勉強の両立法は朝早く学校に行く。スランプ克服には思いっきり遊ぶ。

①受験準備期間中のタイムスケジュール

7時半友だちと待ち合わせ、朝早く学校に行って、放課後は学校の教室か塾で自習。

②受験直前期のタイムスケジュール
なるべく規則正しく、朝早く塾に行くのを心がけた。
受験直前期の心構え：追い詰められているから、気を抜かないようにしよう。
受験に臨む体調管理：絶対体調を崩さないと自分に言い聞かせるようにしていた。

私のお薦め参考書、ベスト3

①灘高キムタツの東大英語リスニング（アルク）
音読を重ねると、リスニング力も単語力も同時に増えていきます。その結果、センター試験のリスニングで満点が取れるようになりました。

②これならわかる！ナビゲーター世界史B（山川出版社）
全4冊あるのですが、これを全部覚えることができれば、世界史Bの受験についてはほぼ完璧と言えます。

③話題別英単語リンガメタリカ（Z会）

外語大学受験にはぴったりの英単語帳です。2次試験に出てくるような少し難しめの英単語が覚えられます。

合格体験記——中野洋子

——「お祭り学校」の会計を担当していました

横浜市立南高等学校は中高一貫校です。中学からの進学は私が2期生なので、私が中学1年生のときは3年生がいませんでした。

元からあった横浜市立南高等学校自体はそれほど偏差値の高い高校ではなかったのですが、昔からの伝統を受け継いで「お祭り学校」と呼ばれるくらい賑やかな高校です。地域からも凄く親しまれていました。

中高一貫校になってからは勉強にも力を入れるようになり、文部科学省のSGHに指定されて英語の教育とか海外への研修旅行とかもありました。ただし中高一貫校になってからの日が浅く、学校の方針もたびたび変わっていたようです。

そのような高校で、私は生徒会の一員として会計を担当していました。部活動や委員会、クラスや団体の会計資料を集めて学校の予算を管理する係です。

その会計の仕事自体は楽しくもないのですが、「南高《なんこう》」と呼ばれる横浜市立南高等学校は、ものごとを生徒が主体的に決めるという伝統もあって、生徒会の一員としてさまざまな部活や行事の運営に関わることには遣り甲斐がありました。

ただコツコツと会計事務をこなしていたのですが、高校2年生が終わると同時に生徒会の会計担当からも放免です。あとはまた新2年生が中心になって生徒会の運営をおこないます。そして私もまた、生徒会活動をやっていた周りの人たち同様に、受験勉強を始めることになります。

――東京外国語大学を目指したわけ

大学受験を考えたときもそうだったのですが、大学生になった今も将来の夢が決まっていません。今もなお、ずーっと自分が何をやりたいのか探し続けています。

目指すべき大学を考えるとき、文学部、法学部、経済学部などの学部を決めると、そこで自分の将来の方向が決まってしまうように思いました。今はまだ、そこまで専門分野を

決めたくない、もっと時間をかけて自分が何をやりたいのか考えたいと思っていました。やりたいことの範囲を狭めたくなかったのです。だから入学したあとでも自由がきくような、そのような大学がいいように思ったのです。さらに親が、家から通える国公立大学に行って欲しいと望んでいました。

大学に入ってから改めて将来のことを考えられる大学で、なおかつ家から通える国公立大学を考えたときに浮かんだのが、東京外国語大学でした。

私が生まれたのは中国の東北地方、吉林省延吉市というところです。7歳のときに日本に来ました。それまでの言語はプートンファ（普通語、北京語のこと）です。もちろん東北地方の生まれなので東北地方の方言も話せます。

数年前に日本に帰化したのですが、当然のように中国語は流暢に話せます。だからこのまま他の言語も、さらに何カ国語かを話せるようになればいいと思ったのです。

東京外国語大学ならば、新たな外国語を覚えることもできるし、併せて自分の将来進むべき道を探すにも、ちょうどいいと思いました。

オープンキャンパスには行っていないのですが、1度だけ学校を覗きに行きました。その方がいいと先生に聞いたのです。オープンキャンパスのときよりも、実際の大学生の姿が見られるから、入学したあとにどうなのかが分かると言われました。

そのときに感動したのは、学食の辛味噌ラーメンがすごく美味しかったことと、自然が豊かなことです。20分ちょっとの通学路は桜並木です。すっかり気に入ってしまいました。

——高校や予備校、大学の授業でも寝てしまいます

武田塾に入塾したのは高校2年生の秋です。それまでは東進ハイスクールに通っていました。

実は私、受け身の授業が苦手です。学校の授業でもよく寝ていたのですが、東進ハイスクールの映像授業だと間違いなく、始まってしばらくすると瞼が垂れ下がって来るのです。

本当に、授業だとめっちゃ寝ます。大学の授業でもよく寝ちゃいます。体質的なものかもしれないのですが、すごく集中していても、面白いと思ってメモを取ってうなずいていても、座って数十分経つと、自分でも気づかない間に寝ていて、「あっ、今寝てた」「やばーい」みたいな感じになってしまうのです。

でも、最初は集団授業が向いていないのだろうと思って、映像授業の東進ハイスクールに通い始めたのですが、自分一人で勉強しているとモチベーションが下がるし、集団授業でも映像授業でも眠くなることに変わりがありません。このままじゃまずいと、塾を変えることにしました。

インターネットで塾探しをしていたときに、辿り着いたのが武田塾のホームページです。でもそれまで参考書を使って勉強したことがないので、参考書を使って勉強するのも面白そうだとは思ったのですが不安でした。

そのようなときに、生徒会の先輩、実は生徒会の会長さんですが、武田塾に行っていると聞いたのです。その先輩からお話を聞いて、武田塾を紹介してもらうことになりました。ちなみにその先輩は、今は武田塾の横浜校で講師をやっています。

無料受験相談を受けたときの第一印象ですが、料金はパッと見、すごく高かったのですけど、毎週一人ひとりの確認テストや特訓をして、進捗具合を確認してもらう方法は、モチベーションを保つのにピッタリだと思いました。

それだったら自分に合った勉強ができると思ったのです。これだけいろいろケアしてもらえるのならば、少々料金高めでもアリだなと思ったのです。一番安いコースにしちゃったんですけどね。

——徐々に本気モード、それも東京外国語大学しかない

武田塾に入塾する前は、学校の勉強を真面目にやっていませんでした。正直なところ高校2年生までは自分の成績にもほとんど興味がなくて、さらに高校2年生になると生徒会の仕事が忙しくって、毎朝学校が始まる1時間前に登校して、生徒会室に籠もっていました。放課後も7時までは生徒会室に籠もっているような暮らしを続けていたのです。

それまではほとんど勉強をせずに、たまに電車の中で英単語帳を見るくらいでした。

高校2年生の秋から武田塾に通い始めて、取り敢えず東京外国語大学を志望校にしようと思ったものの、高校3年生になったころから夏ぐらいまでの模試の成績はE判定のままです。

それでも高校3年生になってからは勉強も本格化、武田塾のやり方で参考書の使い方を

教えてもらっていたので、参考書を中心に毎日コツコツとやるようにしました。

その後の志望校は一貫して、東京外国語大学とＩＣＵ（国際基督教大学）です。結果的に通いたいと思っていない大学を受けても仕方ないし、受験料が無駄になると思っていたのです。


志望学部は、東京外国語大学の国際日本学部と、ＩＣＵの学部は一つしかないのでアーツ・サイエンス学科です。ＩＣＵの受験はＡ方式（人文・社会科学または自然科学、総合教養、英語）です。

ＩＣＵの受験方式は結構特殊で科目も絞っています。英語をメインに使いたいとか、やりたいことは国際系だけど、他は決まっていない人が行くようなので、私の志望校選択基準にも合っていたので併願校にしました。

——東京外国語大学の受験科目に合わせて勉強

東京外国語大学の受験科目は、センター試験が英語、国語（現・古・漢）、数学ＩＡ、化学と生物の基礎、世界史Ｂです。２次試験は、私の志望した国際日本学部は２０１９年

から新しくできた学部だったので、英語及び英語のスピーキングと世界史です。旧帝大や普通の国公立大学に比べると、センター試験の科目数が少ないので楽だと思います。

勉強場所は、放課後に教室が空いているときは教室で、普段は武田塾の自習室でやっていました。高校2年生のときは、学校にいることが大好きなので、生徒会室に籠もって宿題をやったりしていたのですが、その生徒会室も高校3年生になると立ち入り禁止です。

それでも学校のどこかには自習コーナーのような形で机と椅子を置いてくれていたので、そのような場所を見つけて勉強していました。

得意科目は英語、苦手科目は数学とプロフィールのところには書きましたが、実は英語も最初は苦手というか、面倒だ、積極的にやりたくないという意識がありました。

それでも他の科目より実際に使うことができるので実用的でもあるし、洋楽も好きだし、いつかアメリカに行ってみたいなどと思うようになって、そのような積み重ねがモチベーションになっていったようです。

特に苦手な科目は数学です。でも、中学生のときは得意だったのです。中学1年生のころはよく勉強していて、学校の授業も真面目に聴いていたのです。ところが中学2年生、3年生、高校1年生のころが、中高一貫校の弊害とまではいいませんが、中だるみの時期で、まったく勉強しなくなりました。気がつけば、問題を解くのが凄く遅くなっていたのです。

のんびりと考える習慣がついてしまったようで、時間をかけないと問題が解けません。テストでも、時間内に終わらないことがほとんどです。できた問題は合っているのですが、終わらなかった問題も多いので、点数も低くなってしまいます。

同じように世界史も、時間をかけないと覚えられないのです。だから数学と世界史については、ひたすら格闘して量をこなすしかありませんでした。数学と世界史、さらに理系の科目のように暗記が必要な科目は、ひたすら練習しないと成績は上がらないので、時間をかけてやるしかありません。

その苦手な世界史ですが、受験勉強として取り組み始めたのは高校3年生の夏ごろからなので、偏差値は50台のままでした。それでも受験本番では運良く、ちょうど私がやった

範囲が出たのです。だから世界史の点数が良かったのですが、実は運が良かっただけなのです。

――辛い受験勉強を乗り越えられたわけ

私は、追いつめられると力を発揮するタイプです。今もそうなのですが締め切りが近くなると、どんどんモチベーションが上がって、宿題や勉強や仕事がはかどります。

高校2年生の終わり近くまでほとんど勉強をしなかったので、友だちより成績は悪かったし、志望校を東京外国語大学と決めても、「ヤバイ、このままじゃ受からない」と思っていました。その一方で、「やればできる」「受かるはずだ」と自分の瞬発力を信じていた部分もあります。

もう一つの私の性格ですが、自分のやりたいことを我慢するよりも、思い切りやって、すっきりしてから勉強に臨むタイプなのです。「スランプかな」と思ったときは、友だちとカラオケに行ったり、新しいゲームをひたすらやったり、どこかの部活に混じってスポーツをやったりと、思いっきり遊んでいました。

周りに推薦で受かっている友だちがいたので、そういう子たちとたくさん遊びました。受験が終わったあとに、「一緒に遊んでいたけど、受験勉強は大丈夫かなと凄く心配だったんだよ」と言われました。「だったら、何で断らなかったんだよ」と突っ込んでおいたのですが、私の気分転換の協力者ですから、心から感謝です。

気分転換といえば、武田塾の先生たちにもお世話になりました。毎週の確認テストや特訓のために武田塾へ行く日を楽しみにしていました。

もちろん勉強のやり方を教えてもらったり、確認テストやその後の指導を受けて現在の到達点を知って、次の課題（宿題）を指示してもらったりするのがメインです。でもそれだけではなくて、先生たちは私の状況を私以上に把握していて、ときには励ましたり、注意したり、褒めてくれたりします。大学生活の楽しさも一杯聞かされてやる気を起こしてくれました。

みなさん凄く親しみやすくて話しやすいものだから、ついついいろんな話を聞いてもらったり、雑談に花が咲いていました。今でもインスタでフォローしていますが、出会って良かった、仲良くしたいと思える人たちばかりでした。

――武田塾の勉強法で、まずはセンター試験対策

東京外国語大学を受験する人は、たぶん滑り止めの私立大学の勉強もしているのではないでしょうか？　その点では私は、本当に東京外国語大学以外は行く気がなかったのです。だから最初から東京外国語大学の受験対策しか念頭にありません。

センター試験に向けての対策は、主には武田塾のルートに従って、必要な参考書を1冊1冊攻略することから始まりました。ここでもやはり武田塾で参考書を使った独学のやり方を教えてもらったことが一番大きかったように思います。

同じ参考書を何回も何回もやりました。前述のように主には武田塾のルートに載っている参考書ですが、私は好奇心が強いので、ついついいろんな参考書に手を出してしまいます。

実際にルート外の参考書もやってみたのですが、武田塾の「1冊を完璧にする」という方法を使えば、どんな参考書でも効率よく勉強ができます。

高校3年生の夏休みにたくさん遊んでしまって、夏休みが終わって「これじゃヤバイ」

ってなったときに、参考書を使った勉強の効率の良さと、1冊を完璧にすることの大切さを改めて実感しました。やはり学校の授業などを受け身で聴くだけでは身に付きません。今、大学生になって、授業を聴くだけでなく受験のときに学んだ勉強法を利用していいます。このあと資格とか検定を受けることも考えているのですが、それらすべてに応用できる勉強法を、大学受験を通じて得ることができたと思っています。

センター試験に話を戻します。数学の問題を解く時間がかかりすぎる話も書きましたが、参考書には設問ごとに解くための目安の時間を書いてくれているものもあります。目安時間をセットしたタイマーを横に置いて、その時間内に解けるように、時間を見ながら早く手を動かす練習をしました。計算ミスもたまにはあるので、時計を見ながらも落ち着いて解く練習です。

問題をたくさん解いていれば、ケアレスミスも減っていきます。徐々にですが解く時間も早くなっていくので、やはりできるだけ多くの問題を解いて、慣れるのが一番大事かなって思います。

——センター試験も2次試験も、やはり英語が最重要

英語は、センター試験でも2次試験でも必要なので、東京外国語大学を目指すには当然すぎるような最重要科目です。そのために私が主に使った参考書は、『灘高キムタツの東大英語リスニング（アルク）』です。

実は私は、すごく面倒くさがり屋なのです。そのせいなのか本を広げるのがだるくて面倒です。その一方で、耳から入ってくる音に集中することができるので、『速読英熟語（Z会）』とか『システム英単語（駿台文庫）』は全部音源をｉＰｏｄに入れて、歩きながらでも聴いて勉強をしていました。

受験直前期になると、『システム英単語』のプレイリスト、『速読英熟語』のプレイリスト、東京外国語大学の過去問のプレイリスト、『キムタツ』のリスニング教材みたいな感じで、暇さえあればヘッドフォンを付けて、シャッフルして英語を聴いていたのです。

その『灘校キムタツの東大英語リスニング』を何周も何周も勉強したのですが、やっているうちにどんどん簡単に思えてくるのです。すらすら読めるようになると、リスニング力も上がると聞いていたのですが、「自分もそうだな」って思いました。

『キムタツ』をやり始めてからはセンター試験のリスニング模試の点数も安定して、満点が取れるようになりました。ちょくちょく難しめの単語も入っているので、何回も音読すると単語も一緒に覚えられるし、東京外国語大学の2次試験ではスピーキングもあるので、発音もうまくなります。

この『キムタツ』だけでなく、ちょっと長い英文などは解いたあとにしばらく時間をおいてから、また同じ文章を声に出して、誰もいない放課後の教室とかで読んだりしていて、それが自分の力を伸ばすのにすごく役に立ったと思います。

――東京外国語大学の2次試験に特化した勉強

東京外国語大学の2次試験は特殊です。英語と世界史の2科目だけで、世界史は大体、大問ごとに形式が決まっています。他の学校と違って大問が2個だけあって、400字での論述などもあるのです。過去問としては2年分しかやらなかったのですが、東京外国語大学の出題形式に合わせた練習問題を数多く解きました。

ただし世界史の論述の対策というより、知識を全部頭の中に叩き込んでおいて、それを

文章で書けるかどうかが論述試験なので、とにかくたくさんの知識を覚えておく必要があります。

そのために使った参考書は、「私のお薦め参考書、ベスト3」でも紹介した『これならわかる！ナビゲーター世界史B（山川出版社）』です。

自分が武田塾の世界史の勉強で使った参考書は、この1シリーズ4冊だけなのですが、すごく細かくて、これを全部覚えたら世界史では満点を取れると思うぐらいの内容です。

これは、講義をそのまま書き起こしたような参考書ですが、武田塾での勉強では本当に、この参考書を何周も回すのです。

最初はただ小説を読むような感じで、さーっと読み終えます。2周目もさーっと読んで、3周目ぐらいになると「あれー！　気づかないうちに覚えている」って感じになってきます。

それをさらに4周目、5周目と回して読んで覚えていくのです。そうすると4冊もあるのに、この範囲だったら何冊目のどこら辺にあるとか分かってきます。これを全部覚えたら受験対策は大体完璧です。

実は本番の世界史の試験は、論述の指定の文字数が前年度と変わってしまって、全然できなかったのです。それこそ指定された文字数の半分も埋まっていなかったのですが、それでも合格できたので、たぶん大事なポイントは書けていたのでしょう。

――音読して、聴いて、復唱の繰り返しでした

本当は、私は夜型なのですが、高校2年生だったときに生徒会の仕事が多かったので毎朝7時半には登校していました。学校までの通学時間が1時間ほどかかっていたので、本人の意思に反して朝型の生活を強いられていました。

高校3年生になっても、今度は受験勉強のために朝7時半に登校すると決めました。7時半に友だちと待ち合わせて、来なかったら「あいつ、今日はいないんだ」とお互い思っておこうとプレッシャーをかけて早起きです。そして毎朝1時間かけて、英語の音読を繰り返していました。毎朝1回覚えて、夜にまた朝やったことを復習すると確実に覚えることができます。

受験直前期になると学校に行かなくなるので、今度は規則正しく塾に行くように心がけました。

東京外国語大学の２次試験の英語は大問が６個あって、そのうちの三つがリスニングです。さらにそのリスニングのうちの一つがリスニング＋ライティングのような設問になっています。

だからリスニングが特に大切なので、センター試験対策を兼ねた『キムタツ』などの音源をｉＰｏｄに入れて聴くことになります。

さらに聴いていたのがＴＥＤ（講演のネット配信動画）です。このＴＥＤ、実際に入学試験でも使われるのですが、いろんな国の人が英語でプレゼンをしてくれる番組で、ネイティブの英語が聴けて、実際の生活にも役に立ちます。だから私はＴＥＤのプレゼンを聴いて、そのあとに口パクで復唱します。

歩きながらでも電車に乗っていても、ずっとヘッドフォンを付けて英語をたくさん聴いて、人がいなければ声を出して復唱です。人がいるところでは不審者と思われない程度に、目立たないように口パクで復唱していました。聴くだけでなく、なるべく自分の口も動かした方が集中できるし、身に付くと思えたので、なるべくたくさん口に出して練習していました。

――落ちたと、後期試験の勉強に集中していました

2次試験が終わった瞬間、「ダメだ」「絶対落ちた」と思っていました。そして、やがて魔の合格発表日です。合格発表は10時だったのですが、見るまでもないと思って、いつも通りに後期試験へ向けての勉強をしていました。

「そろそろ10時じゃない。見てみたら」とお父さんに声を掛けられたのですが、「お父さん、見てよ」とお父さんに探させました。インターネットに合格者の受験番号一覧がずらーっと並んでいる、よくあるサイトです。

お父さんが、「えっ、受験番号何番だっけ?」って聞いてきて、「えっ、ここにあるよ」と言われたのですが、「えー、嘘だー」「ないよー」。「いや、でもあるよ、ここに」、「えっ、あー、ある」「ほんとーだー」みたいな会話をしました。そこで一気に私の受験勉強が終わったって感じです。

そのお父さんですが、「キミなら受かると思っていたよ」と毎日毎日、1週間ほど言われ続けました。周りの人にも「娘が……」と、ひたすら娘の自慢話をしていたようです。

そして入学した東京外国語大学、登校するのに往復で2時間もかかるので大変だし、課題も多くて四苦八苦ですが、毎日のように面白い人に会うので楽しい大学生活を送っています。

頭のいい人しか集まっていなくて、その頭のいい人たちがばかなことをやっているので、見ているだけでも退屈しません。

今はスペイン語の授業を取っていて、さらに韓国語も始めました。最初はフランス語がやりたかったのですが抽選で落ちて、今年は取れなかったのです。でも来年か再来年、機会があればフランス語も取るつもりです。スペイン語、韓国語、フランス語など、できるだけ今のうちにたくさん覚えたいと思っています。

さらにこのあと8月には北京大学への1か月間の留学を予定しています。もちろんアメリカへの留学も検討中です。

最後に東京外国語大学を目指すみなさんに一言。

東京外国語大学は入試の方式が特殊なので、早いうちに過去問を1回でいいので解いてみてください。問題の形式をつかむことが特に大切です。出題形式を常に意識して、類似

の演習問題をたくさん解くことが欠かせないと思います。

さらに、常日頃から生の英語に触れておくことをお勧めします。東京外国語大学の入試は、問題を解くだけじゃなくって、英作文もあるしリスニングもあります。そのリスニングの音声も、他の大学の入試などと比べると、すごくネイティブに近かったり、たまには訛っていたりするような音声も使われます。だから由緒正しいリスニングの教材だけをやっていても、それだけじゃ完璧に対策できないこともあるのです。

ぜひぜひ、東京外国語大学の入試形式に沿った勉強をして、夢をかなえてください。

担当教務より

教務担当：西村裕樹（横浜校校舎長）

志望校選択へのアドバイス

国際系の学部に行きたいという方向性が明確で、入塾の際に東京外国語大学を志望していたので、併願校をどうするかといったアドバイスが主でした。最終的に本人が併願校を国際基督教大学一本にすると決めたので、その背中を押した感じでした。総じて自ら決める力を持っていた生徒です。

生徒の性格、勉強法の問題点

生徒会に入るほど主体的に行動できる性格なので、やるべきことなどをどれだけ情報提供できるかが肝でした。英語はもともと得意だったので、志望大学に合わせて演習量を調節することを重視しました。

問題は数学や世界史など、他の科目にどれだけ時間が取れるかです。現役生で学校の優秀な生徒が集まる勉強会にも呼ばれており、時間に余裕がありません。やるべき

参考書とやるべき問題集を精査して、時にはショートカットルートも利用して、少ない時間の中でやり切ってもらいました。決めたことはやり切る生徒さんだからこそ、時間の作り方とやるべき参考書の精査が指導する側の仕事でした。

受験勉強指導の重点ポイント

東京外国語大学は英語でほぼ決まると言っても過言ではありません。志望校に合わせた問題演習の質と量で結果が決まると考えました。時間的制約があるので、とにかく無駄な時間を過ごさないこと、いかに効果的に毎日を過ごしてもらうかを重要視しました。

途中経過と指導法の改善点

夏休み明けごろから数学や世界史でも力が付いてきたので、演習に切り替えました。時間の不足から基礎が身に付いていないところもあるので、アウトプットが最大のインプットだと常に伝えていました。

生徒の変化と指導上の留意点

淡々とやることをやっていた印象です。とにかく時間がない生徒さんなので、通常のカリキュラムとは異なるところも出てきました。目的を伝えつつ、また一日一日の役割を伝えながら、効果的な毎日を過ごせるように情報提供していきました。

受験直前期対策と合格のための選択

直前期は、センター試験対策と2次試験対策の記述に特化しました。特に英語と世界史の記述対策に時間を割きました。

これからの大学生活に期待すること

合格おめでとう。自分が学びたいことに集中して学生時代を過ごしてください。やりたいことがいっぱい出て来ると思います。取捨選択して優先順位を決めながら一つひとつやり遂げていって欲しいと思っています。武田塾で時間の使い方と優先順位のつけ方について学んだと思います。大学でもその経験を活かして、4年間のキャンパスライフを有意義に過ごしてください。

合格体験記
9

部活を引退してからの入塾で九州大学工学部現役合格

スランプは、あえて勉強の量をこなすことで克服した

木《き》村《むら》 颯《はやて》
現役合格

武田塾長崎校　コース：個別管理特訓Ｌ（物理、化学）

合格した大学

九州大学工学部建築学科（太字が進学先）

略歴

長崎県立長崎東高等学校（国際科）卒

偏差値は64ぐらいの中高一貫校です。校風は規則正しいといった感じで、制服も学生かばんも靴も決まっているし、携帯は持ってきてはいけないなどの規定もありました。

県立の進学校としては、長崎西高等学校に次ぐ2番手の進学校です。国際科は自分たちの1学年上から始まったのですが、1学年７２０人の中から、定期テストなどの成績を踏まえて、志望した80人が入れます。その国際科、自分たちの学年までは文系と理系の区別もなかったのですが、1学年下からは分かれるようになりました。

部活では、サッカー部に所属していて、ポジションは右のハーフ、フォワードです。それ以外では、中高合同の体育祭で、五つに分かれた内の一つの組の副団長などを務めて盛り上がっていました。

志望大学と受験科目

志望校を選んだ理由

言うまでもなく九州で一番優れた大学といえば九州大学ということになります。高校2年生のときにオープンキャンパスで九州大学伊都キャンパスに行ったのですが、あまりの広さに感動しました。ここならば自分の夢を見つけることができるように思えたのです。

受験科目

センター試験：英語、数学（ⅠA・ⅡB）、物理、化学、国語（現代文・古文・漢文）、日本史

2次試験：英語、数学（ⅠA・ⅡB・Ⅲ）、物理、化学

得意科目と苦手科目

得意科目：物理

　イメージをつくるのが得意だったので取り組みやすい科目でした。ただし電気・電子分野が苦手だったのですが、武田塾の特訓で底上げできました。

苦手科目：日本史

　単純に暗記するという作業が苦手です。

試験ごとの対策

センター試験対策：とにかくスピードと正確性が大切だと思います。物理と化学は8年分、数学は5年分の過去問に取り組みました。

２次試験対策：分からない問題はある程度じっくりと解いて着実に身に付けるように努力しました。

武田塾と受験勉強

武田塾との出会いと入塾したわけ

すでに同じ部活の同級生など、仲のいい友だちが何人か武田塾に入っていました。部活を引退したあと受験勉強を始めたものの、10月ごろになって塾にでも行こうかといった雰囲気になり、友だちの勧めで武田塾の無料受験相談を受けました。センター試験までの日数も１００日を切っていたので、現在の到達点とセンター試験で取る必要のある点数の差などを指摘してもらいました。

武田塾での日々と受験勉強

武田塾に入塾する前は、スターバックスコーヒーでだらだらと勉強していたって感じです。入塾後はその日にやるべき課題も明確になったので、きちっと勉強するようになりました。武田塾の勉強法で、毎週の確認テストで満点から９割以上を維持することにより、

間違いなく成績が伸びました。その結果、センター試験では8割が取れるようになりました。先生たちもとても気さくで相談しやすかったので、のびのびと勉強することができました。

私の日常生活と勉強

主な勉強場所は武田塾の自習室とスターバックスです。隙間時間を使って単語の暗記をしていました。本格的な勉強に取り組んだのは部活を辞めてからですが、それまでも部活と勉強の両立のためにメリハリを付けるようにしていました。

受験準備期間中というか部活を続けていた武田塾に入る前までは、「学校→部活→塾→晩ご飯→夜の11時からスマホ、12時に寝る」の繰り返しでした。

武田塾に入ってから受験までは、「学校→武田塾（夜の11時まで）→晩ご飯→寝る」の繰り返しです。12月ごろから1月初旬までスランプに陥りましたが、ただひたすら問題を解き続けることで乗り切りました。受験直前は、とにかく早く寝てしっかり食べることと、やるだけやったと思って緊張しないようにしました。

私のお薦め参考書、ベスト3

①良問の風物理頻出・標準入試問題集（河合出版）

解説がとても詳しくて、分かりやすい参考書です。

②鉄緑会東大英単語熟語鉄壁（角川学芸出版）

イラストつきで覚えやすい参考書です。

③セミナー物理基礎＋物理、セミナー化学基礎＋化学（第一学習社）

学校で買わされた参考書ですが、問題も充実しているので良かったと思います。

合格体験記――木村 颯

――センター試験100日前から武田塾

中学時代からこつこつと勉強していたので、学校ではそこそこの成績を維持していました。ごく普通に定期試験へ向けての勉強もしていたのですが、大学受験へ向けてがっつり

勉強し始めたのは高校3年生の夏、サッカー部を引退してからです。

ただそれでも志望校である九州大学の工学部や、もう一つの候補として考えていた広島大学の教育学部の合格圏にはほど遠かったので、サッカー部の仲間の紹介で武田塾に入ったのはセンター試験まであと１００日という時期でした。

九州大学工学部の受験科目は、センター試験は英語、数学ⅠＡ・ⅡＢ、物理、化学、国語（現・古・漢）と日本史です。そして二次試験は、英語、数学ⅠＡ・ⅡＢ・Ⅲ、物理、化学です。そのうちセンター試験対策としては社会が全然足りなくて、他の教科も十分ってほどでもありません。唯一英語だけが、中学のときに英語の個別指導塾のような教室に通っていたので得意でした。

武田塾長崎校で無料受験相談を受けたときに、石川校舎長から「ここ受けたいなら、センター試験でこれぐらい取らないと行けないよ」と、目標とする志望校の合格水準と今現在の自分の立ち位置を分析してもらって、このあとの勉強の進め方と課題について教えてもらいました。入塾前の模試の判定結果は、九州大学はＤ判定だったのです。

すでにセンター試験まで１００日を切っています。武田塾での学習は勉強の時間的な配分も考えて、物理と化学を重点的に勉強すべきだということになりました。この２科目ともに受験レベルには不十分な成績で、なおかつセンター試験と２次試験の両方で使うので、この２科目を重点的に勉強するのが効率的だと思われたのです。

実は、物理は得意科目で、そこそこの点数は取れていました。ただし力学は得意だけれど、電気・電子の分野が苦手だったので、得点源にするには穴がありました。得意科目だけれど苦手なところを重点的に克服することによって、物理の点数を大幅に引き上げることにしたのです。

事実、後ほど述べますが、武田塾で履修した物理と化学は面白いほど点数が伸びました。

――確かに、参考書を使った勉強が効率的です

小学生のときに、中学受験に向けて日能研に通っていました。

でも、遊び盛りだったということもあるのでしょうが、日能研がめちゃめちゃ嫌いでした。授業スタイルの塾って拘束されて、知っていることも延々と聞かされるし、分からなくてもどんどん進んでしまいます。だから、そういう感じの塾じゃない方がいいなと思っ

ていました。自分でやって、分からないところがあれば聞けばいいだけの話です。

そのようなこともあって、友だちから参考書を使った武田塾のやり方を聞いたときに、行くとすれば武田塾だと思ったのです。集団授業よりも個別指導を受けたいと思っていたし、そのスタイルが自分に合っていると思っていました。


それともう一つ、武田塾に入って良かったことは、無駄のない勉強ができるようになったことです。入塾前も近くのスターバックスで勉強していたのですが、やっているつもりでも計画性がないというか、集中力も持続できず、ただダラダラと時間をかけて勉強した気分になっていたようです。

武田塾だと、取っている科目については毎週の課題と確認テストがあります。いつまでに、なにを、どこまでやるかが指示されています。だから毎週の確認テストで満点を目指して、悪くても90点以上取るんだという気持ちで頑張ることができました。

そして自学自習を推奨している武田塾ですから、自習室へ行けばみんな頑張っています。サッカー部で一緒だった友だちもみんな頑張っているのです。そのような受験仲間を見ながら勉強するので、集中力も気合も出てきます。自分でも集中して、時間を決めて、メリ

ハリを付けた勉強をするようになりました。

——もちろん成績アップ、でもスランプも襲ってくる

学校が終わったら、とりあえず友だちと武田塾に行って、とりあえず自習室の席に座って、とりあえず参考書を開いて、勉強してという流れが、無意識のうちに出来上がりました。

それまでも毎日、部活がなくなったあとからは勉強をしていました。以前なら部活をやっていた時間は学校に残って自習していたのです。でも、そこでやったという達成感があるので、家でもやることはやるのですが、集中できずに短時間で終わっていました。

やはり武田塾に入るまでは、なにを目標に、どこへ向かって勉強しているのか分からないような状態だったようです。武田塾に入って一つひとつの勉強の目標が立てられることになり、特に履修している物理と化学については、1週間ごとの課題と、その結果としての到達点が確認できるようになったことが大きかったと思います。細かくきちっと次の目標が確認できることによって、勉強がルーティンに入ったという実感もありました。

武田塾に入って、友だちも頑張っているので、自習室の閉まる毎晩11時まで頑張るようになりました。

すでにセンター試験直前期です。それまで物理とか化学のセンター試験問題は全然取れなかったのですが、8割ぐらいは取れるようになりました。そうなると模試でも、物理と化学の点数が信じられないほどにどんどん伸びていきます。すでに覚えたことが学校の授業でも出てきたりして、これも解ける、これも解けるとどんどん楽しくなるのです。

だから模試での九州大学工学部の評価も一時はBになったのですが、試験が近付くにつれてまたまた足踏み状態に陥りました。模試の評価も再びC判定やD判定に落ちてしまいました。

そうなると焦りも出てくるのですが、やるべきことをやっていれば問題ないという武田塾の校舎長や講師の先生からのアドバイスもあって、毎週の確認テストに集中するようにしました。また、スランプを克服するには、ただひたすら過去問や演習問題を解き続けるしかないと思ったのです。

――頼れる兄貴のような武田塾長崎校の人たち

センター試験が終わってからも、九州大学工学部にするか広島大学教育学部にするか迷っていました。実は母方の祖父も祖母も、そして母も教育関係なのです。自分も人に教えることが好きなので教育関係にも興味がありました。

でも最終的には九州大学工学部、それも建築学科を選んだのは、教えることと同じように物作りも好きだったからです。テレビでやっている『大改造!!劇的ビフォーアフター』や『有吉ゼミ』といったヒロミさんが建物を改修する番組が大好きで、夢中になって観ていました。

人が好きだったら教育だけど物も好きだから建築と、どっちも捨てがたいのですが、九州大学の広大なキャンパスへの憧れも重なったために九州大学を選択することになりました。

九州つながりということもあるのですが、生まれ育った長崎や高校時代の友だち、さらには武田塾長崎校などの、九州ならではのホッコリとした温かい雰囲気を捨てがたかったということもあるのかもしれません。

最初に無料受験相談に乗ってくれた武田塾長崎校の石川校舎長は、見た目も若ければ、友だち感覚に近いお兄ちゃんみたいな存在です。話しやすい人柄ですが、いざ受験といった込み入った話になるとめちゃめちゃいろいろと詳しいのです。

「ここの大学はこうやから」とか、「この点を取らないとだめだから」など、すごく詳しい内容なのに分かりやすく説明してくれます。「ここの大学に受かるにはこれをこうして、あれをこうして」「この教科は伸ばさないといけないけど、最悪こっちの教科は捨てることも考えた方がいい」と日ごろの雑談のときの、のほほんとした話し方とはテンションが変わってくるのです。

特訓の担当の講師の先生は、何浪かして長崎大学医学部に入った人なので、参考になる浪人時代の苦労話なども話してもらいました。

スランプに陥ったときに「成績がぜんぜん伸びん」と愚痴っても「大丈夫だよ」といつも励ましてくれました。さらに受験直前期のプレテストで、テストも難しくなって、急に30点も点数が落ちたときも、「いや、大丈夫だよ。やるべきことをやってきてるから、大丈夫」と言ってくれました。

「この前の模試、物理が60点しか取れんかった。全然80とか行かん」と問題を見せると、「それでも全然大丈夫」「他の教科も取れとるし、その60点やったっていうのも、本当に分かってないわけじゃなくて、ケアレスミスだよ」「根本はできているから、本当は80点取れているので大丈夫よ」って感じです。

やはり校舎長や講師の先生に励まされることによって、目の前の模試の成績などに一喜一憂するのではなく、コンスタントに勉強を積み重ねることができたことが大きいと思います。

――センター試験では日本史が鬼門だった

ひたすら覚えるという勉強が苦手だったので、センター試験の科目の中では日本史が一番の苦手でした。それでも高校で担当してくれた先生が、すごく教えるのが上手な先生だったのです。

理系で日本史を取る人が少なくて、わずか8人だけの少人数クラスだったので、他のクラスメイトの成績はどんどん伸びていきました。みんなは赤本で80点とか90点取るようになったのですが、自分だけずっと65点程度の低空飛行が続いていました。

それでも「これとこれは出るけん」「この違いはちゃんと覚えとけ」などと言われたことは覚えるように努力して、あとは家にあった歴史漫画をひたすら読んで、それで流れを確認していました。

高校はバスで15分ぐらい登った山の上にあります。その間はずーっと『一問一答』や、高校の先生が作ってくれた時系列が書いてあるようなプリントを見ていました。

「理系やから、そんな詳しいことは後期で使ったりするわけじゃないけん」「2次試験で使わんけん」「教科書をとにかく読め」って言われて、先生から「ここは重要」って言われたところにマーカーを引いて、とにかく教科書の文章を読み続けていました。

そのような自分ですが、高校の先生も最後まで見捨てることなく手をかけてくれたので受験直前期には、くっと上がって75点程度が取れるようになりました。本当に最後の最後で、くっと上がったって感じです。

他のセンター試験の過去問は、物理と化学は8年分ぐらい、数学はちゃんと全部解いたのは5年分ぐらいです。あとは自分の苦手な分野、図形とか二次関数などの分野だけは別

の年の過去問からも選び出して、そこだけを5分とか10分とか計りながら解いていました。
特に数学はスピードと正確性が大切です。通常の勉強のときも、問題を解くスピードにこだわって、しかも間違えないように取り組むようにしていました。

例えば数ⅠAが1時間、数ⅡBが1時間だとすると、マークする時間と見直す時間を考慮して、50分とか45分しか解く時間がないと決めて、タイマーをセットしてから解くのです。

あとから落ち着いて解くと全然簡単な問題でも、焦りながら解くと、いらんミスをしでかしてしまいます。だから、ともかく解くスピードを上げて、とりあえずは50分で解き切るところまで行って、そのあとでケアレスミスをしないように、さらに見直しのスピードアップを図りました。

――参考書を使い、さらに効率的な勉強を追いかけた

受験勉強を始めたのは部活が終わった高校3年生の夏休みからです。それでも空回りしているような感じがあって、友だちに誘われて武田塾に入ったのがセンター試験まであと１００日までに迫った10月になってからです。

時間がありません。センター試験対策と2次試験対策を同時に進めることになります。だから武田塾で選んだコースは、その両方で点数を大幅アップするための物理と化学の「個別管理特訓L」というコースです。

この2科目も含め、数学などの重点科目も参考書を使った学習ですが、そのどの場合でも演習問題などは10分ぐらい考えて、解決の糸口が見えなければ解説を見るようにしていました。

目の前の問題を考え続けるより、とりあえずはこういう道筋で行くのかなとか考えて、解き切れなければ解説を見て、「あっ、こういう解き方か」と確認して、あとからもう1回解いてみるのです。もちろん2次試験問題は、センター試験よりはじっくりと1度は考えるのですが、10分か15分間くらい格闘して、分からなければ解答解説を見ます。答を見ることが悪いって思わないようにして、解説を見て「あっ、なるほど」ってなればいいと割り切っていました。

――なぜか合格発表の時間に父親が帰って来た

九州大学の合格発表はインターネットから見られるようになっています。でもサーバー

が重かったのか、発表の時間が過ぎてもつながらないのです。

何度もアクセスを試みていたのですが、そんな時間に父親がひょっこり帰って来ました。でも、落ちたときに隣に親がいれば嫌じゃないですか。だから一人で見たかったし、「まったくもー、なんで帰って来たん」と思っていました。

父親が帰って来て、「まだ出とらんとか」と聞いてきて、「まだや」と言ったら「貸してみろ」と、父親が別のページから入ったのです。そうしたらすぐにつながって、そこで合格したことを知りました。

「実は知っとったよ、おめでとう」

何のことはない、父親はすでに合格したのを知っていたのです。合格を知って仕事場から帰って来て、まだ自分がアクセスできずに幾度もクリックしているのを見て、「まだ出とらんとか」って知らんふりをしていたのです。

そのときは、もちろん嬉しくてしょうがない状況なのですが、「知っとったよ」「合格してるよ」「おめでとう」と言われてすっかり混乱して、自分がどのような気持ちなのかも分からないくらいに驚いていました。

でも知っていたのは父親だけではなかったのです。姉も、福岡に住んでいる友だちから九州大学の合格発表の掲示板の写真を送ってもらっていたらしくて、どうやら知らなかったのは自分と母親だけだったようです。母に「合格したよ」と電話を入れたら、電話の向こうで泣かれてしまいました。

――これから九州大学を目指すみなさんへ

九州大学の入試では基礎がしっかり出来ている人が受かるように思います。その点では、あまり応用、応用と考えなくてもいいと思います。物理、化学、英語、数学については、とりあえず基礎を固めることが大切です。難しい問題に取り組まなくてもいいのです。

とりあえず基礎です。基礎がしっかりしている人が受かる大学なのです。自分でじっくり考えて、何でやろうというのを１個１個潰していって、しっかり一歩一歩、基礎を重ねていった方が受かる確率が上がっていくように思います。

そして自分のようにサッカーなどのような部活をやっていて、それでも国立大学に行きたいんだけど、勉強をどうしようと思っている人も多いと思います。

勉強するのが苦労だと思ってしまうと、どんどん苦しくなっていきます。勉強して「あっ、解けたー」という、できるようになることの楽しみを早く見つけてください。

そうしたらもう、次の問題も解きたいと思うようになります。自分の武器が1個増えるごとに「あっ、次に行こう」「次の段階に」という感じになります。

自分は苦手だった日本史も、高校の日本史の先生のお蔭で、嫌いではなかったのです。先ずはそれぞれの科目を好きになることが、今から始める人は最優先だろうと思います。

いやいや知識を覚えて、いやいや解くよりも、好きになることを優先した方が絶対いいと思うので、ぜひ心がけてください。

九州大学の広大なキャンパスのどこかで、みなさんを待っています。

担当教務より

教務担当：石川泰輔（長崎校校舎長）

志望校選択へのアドバイス

入塾直後の11月初めには九州大学工学部へ行きたいと志望校を決めていました。残り期間が短い中で、九州大学工学部に合格するためには、どの科目に時間をかけて勉強すべきかをアドバイスしました。

生徒の性格、勉強法の問題点

一見クールそうな雰囲気ですが、明るくて、前向きな性格です。相談もよくしてくれて、笑いながらよく冗談を言い合ったのが印象的でした。すでに受験直前期だったのですが、焦っているようには見えませんでした。

工学部志望ですが、入塾時点で物理と化学が今ひとつ得点化できていない印象を受けました。九州大学合格には、物理と化学の強化が必須だったので、残り期間で物理と化学がどこまで伸びるかが合格のカギだと思いました。

受験勉強指導の重点ポイント

受験直前期の入塾だったために、物理と化学の対策に特化した指導をおこないました。物理と化学ともに基礎の理解が不足している印象を受けたので、最速で基礎を学習し直して、すぐにセンター試験の過去問対策に移りました。基礎の定着後はセンター試験の演習と並行して２次試験対策もおこないました。

途中経過と指導法の改善点

塾の在籍が３か月くらいと短かったため指導法は変更していません。あっという間に入試まで駆け抜けたと思います。基礎の復習→センター試験の過去問→２次試験対策と、無駄なく力を伸ばして合格を手にすることができました。

生徒の変化と指導上の留意点

塾に在籍している期間はとても短かったのですが、どんどん力を付けて行きました。物理と化学は、入塾時はセンター試験で６割程度だったのですが、演習をしてすぐに８割を超えてきました。成長のスピードに驚かされ、彼の優秀さにも驚かされました。

受験直前期対策と合格のための選択

残り期間が短かったために、過去問の演習で得点を上げる方針にしました。その方法で得点を伸ばせるだけの力があると思ったのです。特にセンター試験は、過去問の演習で全体的に得点を大きく伸ばしました。2次試験対策の時間が不足していると感じたのですが、最後まで諦めないでよく頑張ったと思います。

センター試験後に、出願をどうするかで悩んでいて相談してくれました。九州大学に出願できるだけの点数は取れていたし、後悔がないように第1志望に出願することをアドバイスしました。出願校のレベルを落として確実に合格するという選択肢もある中で、第1志望に挑戦して結果を出したことを誇らしく思います。

これからの大学生活に期待すること

直前期の入塾でしたが、最後の集中力には感心しました。目的のために努力を積み重ねることができる人だと思いますので、大学でも何か自分の時間をかけることができるものを見つけ、そしてまた新しいステージで努力して欲しいと思います。

合格体験記
10

将来の起業を考えて、慶應義塾大学SFC現役合格

高校野球に明け暮れた日々と憧れの慶應義塾大学

清《し》水《みず》海《かい》杜《と》
現役合格

武田塾高岡校（富山県）
コース：徹底個別特訓3教科（英語、日本史、小論文）、武田塾ＡＯ推薦入試対策

合格した大学

慶應義塾大学総合政策学部／慶應義塾大学環境情報学部（太字が進学先）

略歴

富山県立高岡高等学校卒

偏差値68と富山県内ではトップクラスの進学校ですが、部活動も盛んな文武両道の校風の学校です。文武両道を頑張っている人が多くて刺激を受ける環境でした。他の進学校だ

と部活の終わる時間が決められることも多いのですが、僕たちの学校ではみんな真剣に部活動に取り組んでいて、僕の所属する野球部も夜8時ぐらいまで頑張ることがありました。そして僕はピッチャーで背番号1です。県内ではベスト8に入るぐらいなので、進学校にしては弱くなかったと思います。

志望大学と受験科目

志望校を選んだ理由

慶應ブランドに憧れていました。三田会の人脈、人とのつながりが事業を立ち上げるのに役立つと思ったのです。SFC（湘南藤沢キャンパス）の方針が事業を立ち上げたい自分に合っていると思いました。将来の夢はITのソフト系の会社を起業することです。

受験科目

合格した学部の受験科目：英語、小論文
その他の受験科目：日本史B

得意科目と苦手科目

得意科目：英語

得点源。英語が好きだった。元々洋楽が好きでジャスティン・ビーバーやバックストリート・ボーイズなどをずっと聴いていて、歌詞の意味を調べたりしていました。

苦手科目：日本史

単純に暗記ばかりしてしまい、日本史の流れ、事象のつながりなどの理解が不十分で、そのことに気づくのが遅くて、受験に間に合いませんでした。苦手科目のまま終わってしまったのですが、講義系の参考書『石川晶康日本史Ｂ講義の実況中継（語学春秋社）』と『日本史Ｂ一問一答（ナガセ）』を同時進行すればよかったと思っています。

武田塾と受験勉強

武田塾との出会いと入塾したわけ

高校３年生の４月ごろに高校のすぐ近くに武田塾高岡校が出来ました。その建物に大きな広告看板が貼ってあり、「授業をしない」「自習」「逆転合格」と書いてあったので興味を引かれました。その翌月、ゴールデンウイークのころに無料受験相談を受けてみて自分

に合っている塾だと思ったのです。

僕は受け身の授業が苦手なので、自分のペースで進められる自習が中心というのが気に入りました。自習中心の学習スタイルが自分に合っていると思ったことが一番の理由ですが、同時に学習スペースを確保したいと思っていたので、いつでも使える自習室も魅力的でした。

武田塾での日々と受験勉強

予定表を作るので勉強の進度のムラがなくなりました。武田塾の勉強法、「4日進めて2日復習」は最初は抵抗があったのですが、確認テストで復習の大切さを実感して復習するようになりました。併せてより基礎を大切にするようになりました。秋ごろの模試の偏差値では英語60→70、日本史55→65と急上昇です。しかし判定は慶應義塾大学文学部のC判定以外はE判定でした。

確認テストでは、最初のころは常時8割程度の正解です。それでも2割も落としていることに満足できずに復習をしっかりするようになって、その後は満点を取り続けるようになりました。

武田塾に入って、合格までの道のりが明確になりました。ルートに沿って勉強すれば合格できると、不安にならずに安心して勉強ができました。校舎長も気軽に何でも相談しやすい人でした。

私の日常生活と勉強

主な勉強場所は、武田塾の自習室、市の学習室、マクドナルドなどです。電車通学の50分間に赤シートで英単語や日本史の一問一答をテストしていました。学校の授業中の内職では、問題集を解いたり、単語の確認です。

部活と勉強を両立させるには、部活をやっている期間も最低限のことはやっておくことが大切だと思っていました。部活が終わって帰宅すると眠ってしまうので、通学途中の高岡駅近くの市の学習コーナーで2時間ぐらい勉強してから帰宅していました。

夏休み過ぎからは、午前8時から12時まで学校で勉強、12時から午後1時まで休憩、1時から6時まで勉強、6時から6時半まで晩御飯、6時半から10時半まで勉強です。これは受験直前まで変わっていません。勉強し続けることが一番の精神安定剤だと思っていました。

私のお薦め参考書、ベスト3

①システム英単語（駿台文庫）

20周は勉強して暗記した単語帳です。単語のチョイスがいいので、これ1冊である程度英文が読めるようになります。イディオムの形になっているのも良くて、文章の中での使われ方、感覚を養えます。左単語、右解説の形式なので、赤シートを使いながらテンポよく覚えられます。文章での使われ方というか、英語って感覚が大事だと思うのですが、感覚を養うにもいいし、最後には見た瞬間の1秒以内に訳が思い浮かぶまでやりました。1日に1周するまでやり込んだ単語帳です。

②ポレポレ英文読解プロセス50（代々木ライブラリー）

正確に読む力が付き、速読力や和訳力が上がります。構文を理屈で理解するので、取り違えがなくなり和訳ミスもなくなります。早慶以上を受けるのならば一番大事な参考書だと思います。構文の取り方というか複雑な英語が出てくる試験になると、こういうのをやっておかないとたぶん読めないのではないでしょうか。難関大学受験には絶対に必要な参

考書です。和訳にも使えて、和約での訳しミスとか、構文の取り違えをポレポレで克服しました。

難関大学の場合は、引っかけ問題も多く、挿入などで引っかけてくるところもポレポレを使っていれば理屈で理解しているので、引っかからなくなります。

③日本史B一問一答（ナガセ）

必要な知識がほぼすべて収録されています。これと石川の講義系参考書を並行して使って勉強するのが一番いいのではないでしょうか。正直、自分の場合は日本史でつまずいたので、あまり言えないのですが、この参考書と講義系の参考書の両方を使うべきだったと後悔しています。

合格体験記——**清水海杜**

——野球部引退までは、やれるだけやるしかなかった

野球部に所属していた時期は、眠さとの戦いに明け暮れていました。

夜遅くまで練習があって、さらに学校が遠かったので通学時間もかかって、野球部だか

ら食事もきちんと取って、あとは寝るだけです。朝の通学も大変だし、朝練があるので朝早く家を出ることになります。県内有数の進学校ですから、予習についても厳しいのですが、授業前の10分間に集中してやるしかないというギリギリの生活を続けていました。

だから本当に眠さとの戦いです。部活が終わって家に帰るとすぐに寝てしまうので、出来るだけ家に帰らずに勉強するしかありません。部活と勉強の両立は眠くなるので、できるだけ勉強の環境、場所の力を使っていました。

勉強する場所を自分で決めておいて、そこに行って気持ちを切り替え、まずは勉強する準備から始めるのです。幸いなことに高岡駅近くの市の施設の中に学習コーナーがあります。学校帰りにはそのような場所に行って普段だと2時間ぐらい、やれるだけやってから家路につくという感じでした。

やがて高校3年生の夏、最後の試合に負けた瞬間が部活引退の時期です。その日、負けたことが悔しくてたまらなくて、しばらくは何も言えないような感じが続きました。ですから、その日は一切勉強をせずに過ごしました。

でも、ずーっとそういうわけにはいきません。今日で高校野球は終わった。明日からは受験勉強に専念しようと、その日のうちに切り替えました。というか、切り替えたつもりでした。

――塾・予備校嫌いだったのに武田塾に入った

武田塾に入塾したのは高校3年生の5月ですから、部活引退の2か月半ほど前からです。その武田塾高岡校ですが、その直前に開校して、大きな広告看板を貼り出したのです。「授業をしない」とか「自習」「逆転合格」という文字が目立って、「なんだこりゃ？」「なんか面白そー！」と興味を持ちました。その場ですぐにインターネットから無料受験相談を申し込んだのです。

無料受験相談に行ったときに対応してくださったのが、吉田さんという方と坂口校舎長の二人です。そのときの印象としては、「えーっ！　こんな塾もあるんだ！」「参考書でやるんだって？」「自習室も自由に使えるんだー」「なんだか、ここっていいかもしれない」といった感じです。

無料受験相談に行ったのは4月だったのですが、さっそく5月から入れてもらうことに

しました。

武田塾に入ったことは自分でも不思議です。僕はそもそも塾や予備校が大嫌いだったのです。

友だちが東進の衛星予備校に通っていました。衛星予備校ではパソコンを使って映像授業を受けるのですが、友だちに誘われて1週間ぐらいの体験授業に参加しました。ほとんど半強制的に連れていかれたのですが、受け身の授業だと自分のペースで進められないというか結構苦手なので、「1週間だけでも」と言われたのですが、それさえ維持できずに途中で辞めてしまいました。

野球部に時間を費やすので、時間を有効に使いたいというのもあるのですが、ともかく受け身の授業は苦手です。学校の授業も、聴いている時間があれば自分で勉強したいぐらいです。難しいところをじっくりやって、分かるところはどんどん飛ばして先に進みたいのです。それを自分のペースで進めたいと思っていました。

武田塾は、それこそ僕が考えていたとおりの勉強の仕方です。参考書を使って、自分で

進めていく。ただし現在の到達点と目標とする志望校があるので、「なにを」「いつまで」「どこまで」やるかをルートという指針に沿ってやっていくと聞いて入塾したのです。

実はこのルート、自分でも受験のための参考書について調べていたのです。だから無料受験相談で示されたルートを見て、「あー、なるほど理にかなっている」「僕が考えていたのと合っている」と、武田塾の指導方針についても共感したのです。

――改めて復習の大切さを気付かされた

武田塾への入塾当初の偏差値は60ぐらいです。英語などは60ぐらいで、日本史がひどくて55ぐらいでした。それまでも学校で指定された模試は受けていました。

のちほど述べますが、志望校は一貫して慶應義塾大学だったので、そのときも慶應義塾大学を第1志望としていたのですが、ずっとE判定のままでした。当然のことながら、このままでは受からないと分かっていました。

武田塾に入塾してからの一番大きな変化は、1週間にやるべき課題が明確なので、それを割り振った1日当たりの勉強量がハッキリしたことです。それまでは、すごくやった日

もあるけれど、やらない日もあったりと、結構ムラがあったのです。

1週間の課題が毎週提示されるので、それを日々の勉強に割り振って、最低限というか絶対その量はこなすようになりました。このことによって勉強のムラがなくなり、毎日しっかりとある程度の量をこなせるようになりました。

武田塾の指導する1週間の勉強の進め方は、4日間進んだらあとの2日間は復習です。1週間の内の2日間も復習に割くのです。最初のうちは、どんどん先へ進みたい気持ちというか、なにしろ模試での慶應義塾大学への判定はEばかりなので焦りもありました。こんなところでモタモタしていられないという気分です。

そのために講師の先生とぶつかったりもしたのですが、1週間後の確認テストでは意外と記憶が抜けていて、それがもろに点数に跳ね返ってきます。結構悔しい思いもあったのですが、「あー、ダメだー」「やっぱり復習って大事なんだー」と、今さらながら思い知らされました。

――復習によって、着実に身に付いていった

武田塾に入ったころの毎週の確認テストの成績は8割程度です。武田塾の確認テストは8割以上ならば一応合格で先へと進めるのですが、8割取っても2割も落としているわけで、それも参考書の中の決められた範囲からの出題で2割も落としているのです。だからギリギリ合格ではあるものの、嬉しくありません。

やはり復習が大事だと、4日間進んでそのあとの2日間は復習に充てるという方法を続けていたら、確かにやったことが知識としてしっかりと固まるようになりました。先へ進みたくて、ワーッとやると、そのあとパラパラと少しずつ忘れていくのです。改めて復習の大切さを自覚して勉強法を変えたあとは、確認テストの成績も8割程度からほぼ満点を取り続けられるようになりました。

その結果、秋ごろの模試では英語の偏差値は60から70、日本史も55から65になって、慶應義塾大学文学部の判定で初めてC判定が付きました。もっとも、それ以外はずっとE判定のままです。

相変わらず模試の評価は良くなかったのですが、だからといってモチベーションが下がることもなく勉強を続けることができました。これも武田塾に入って良かったことの一つ

なのですが、志望校合格までのルートがしっかりと示されています。

志望校合格から逆算して、この時期にはこれをやらなければいけないと明確言い換えれば、受験までの残された月日に何をすべきかといったタスクが明確なのです。

志望校合格までの道のりが分かりやすく、さらに細かく示されているのですから、あとはもう、絶対にこの道から外れることなく行程表どおりに進めていかなければならないと、自分でも意識していました。それこそ曖昧に、ただ入試の日に向かって勉強して行くんじゃなくて、これをしっかりやれば受かるんだというのがハッキリしているのです。

これをやっていけば、必ず受かるんだと思っていました。

――慶應義塾大学を目指したわけと試験対策

慶應義塾大学を目指したのは、最初は単純に慶應ブランドへの憧れでした。やがて大学進学を意識するようになった時期から、慶應義塾大学のこともいろいろと調べるようになりました。

将来、自分なりのアイディアで起業したいと考えています。基本的にはＩＴ路線なのですが、事業家として羽ばたいてみたいのです。確かに既存の企業に就職すれば生活は安定

するかもしれません。それでも予測できない未来というか、次が分からないぐらいの方が、もちろん危険をはらんでいるのですが、ワクワクして楽しいように思うのです。

　そのようなときに大切になって来るのが人脈です。慶應義塾大学ならば全国から優秀な人たちが集まってきます。当然のように横のつながりができるはずです。さらに慶應義塾大学には縦のつながりというか、三田会という卒業生同士の人脈も広がっています。将来自分が何かを手掛けるとすれば、このような縦と横への幅広い人脈作りが欠かせないように思ったのです。

　そのために志望校は慶應義塾大学に絞り込み、受験する学部は商学部と文学部、そしてＳＦＣの総合政策学部と環境情報学部にしました。そのいずれの学部ともに、自分が将来やりたいことにつながる可能性があると思ったからです。

　受験準備の段階で、ここまで受験対象の志望校と学部を絞り込むと、より武田塾の「ルート」が生きてきます。受験対策すべき学科も、英語、日本史、小論文に特化できます。

　さらにまた坂口校舎長が、何でも気軽に相談に乗ってくれる先生だったので、些細な不

安や成績のことで相談に乗ってもらうだけでなく、結構難易度の高い慶應義塾大学の受験対策のために、僕に合ったルート外の参考書なども薦めてもらいました。もちろん武田塾のルートが最優先ですが、それと並行して取り組むべき課題も教えてくれました。

――慶應義塾大学受験科目に絞り込んだ勉強

合格した慶應義塾大学ＳＦＣの総合政策学部と環境情報学部の受験科目は英語と小論文です。文学部と商学部では、英語と小論文に加えて地理歴史教科の選択では日本史を選びました。

《英語》

先ずは英語ですが、ずっと好きでした。高校入試のときから英語が得意だったのです。

その一番の理由は洋楽が好きだったからだと思います。特にジャスティン・ビーバーが大好きだったので、めちゃめちゃ聴き続けていました。当然のように自然と歌詞の意味を調べたりしていたのです。

そのような素地はあったのですが、受験のための英語、特に慶應義塾大学の入試に出さ

れる英語はワンランク上です。そのために取り組むべき参考書を坂口校舎長はいろいろと教えてくれました。

慶應義塾大学文学部の和訳が結構意訳チックといえるほど綺麗な日本語にしないといけないのです。そのために、英語と日本語の発想の違いなどを念頭に置いた『英作文基本300選（駿台文庫）』や、その逆の和訳のためのバージョンのような参考書を教えてもらいました。

特に慶應義塾大学ＳＦＣの英語の試験では、本当に単語のレベルがすごいのです。普通の学部とかを目指す単語帳プラス過去問に出ているような英単語を覚えた方がいいと思います。僕の場合は、過去問に出てくる単語をピックアップしてノートにまとめ、それを覚えるようにしました。

実際に、大学受験の単語帳に載っていないような単語で、過去の出題で出たような英単語が、そのまままた入試に出たり、使い回されたりすることが多いのです。試験に出る英文の分野が、例えばニューヨーク・タイムズの記事の原文をそのまま引用していたり、ビジネス英語で使われる英単語などが使い回されたりしているのです。だから過去問で出て

きたような英単語を大切にした方がいいようです。

《小論文》

慶應義塾大学SFC2学部の過去20年分の小論文を書き続けました。それを添削してもらって、スカイプを使ってビデオ越しに指導してもらいました。

もともと文章を書いたり、何かを発表したりするのは結構得意な方でした。小中学校時代も、小学校では児童会長、中学校は生徒会長だったので、小学校時代は700人、中学校時代は500人といった児童や生徒の前で話すことも多かったのです。

それが経験になったのか、小論文を添削してくれた人からも「これなら絶対受かるよ」と毎回のように言われて、それがまたモチベーションになってどんどん書き続けて行ったって感じです。

小論文を書くときに留意していたのは、解いた直後に確認して、先ずは漢字の間違いがないように注意することです。過去問などの時間制限を短くして、解く速さの練習もしました。

時たま、ホントに書けないテーマもあります。ＳＦＣの小論文は特殊なテーマも多く、試験時間もすごく長いのですが、それでも間に合わないというか、まったく何も思いつかないようなお題もあるのです。

そのようなときは書けない焦りもあって、時間がどんどん進んでしまうような、書けても受かる気がしないような、そういうモヤモヤした気分で終わってしまうことも幾度かありました。一度、環境情報学部の小論文試験に、物語を作るようなお題が出たことがあります。「えっ、これってどうすりゃいいの？」と、驚きと戸惑いで手を付けられなかったことがあります。

ＳＦＣの小論文は、２時間の制限時間で指定された１０００字から１５００字程度にまとめる試験です。だから練習のときは時間配分を考えて、自分で時間を計りながらやっているのですが、さすがにこのときは30分ぐらい呆然と思いを巡らせるだけで時間が進んでしまいました。

本番の試験でこんなのが出たら「おしまいだー」と諦めるしかありません。幸いなことに実際の試験では、ごく普通のお題が出題されたので助かりました。

小論文対策としては、勉強の合間に読書していました。『日本の論点（文藝春秋）』といったような本とか、未来予想のような『２０３５年の世界（ＰＨＰ研究所）』などです。実は「そのような本を読んでおけばいいよ」と、慶應義塾大学に通っている人に薦められたのです。

慶應義塾大学の小論文では、通常の受験勉強では得られないような知識が必要になってきます。そのための知識も必要だし、時事ネタも出るので毎日のニュースのチェックも欠かせません。日々のニュースを見ながら、それに対してどう考えるかなど常に自分の意見を持つように努めていました。

《地歴（日本史）》

受験科目の中での不得意科目は日本史です。それでも受験勉強に取り組める期間が半年しか残されていなかったので、単純暗記で乗り切れそうな日本史を選びました。

でも今になって振り返ると、日本史は、ただ暗記すればいいだけではなくて、流れをとらえることや理屈が大切です。日本史の教科書って事実の羅列が多いのですが、そこを「なぜこうなったんだろう」とか、他の資料集とか比べ合わせながら「こうだからこう

なったんだ」といったように、流れをしっかりとつなげていく作業が大切です。

慶應義塾大学文学部の日本史には論述があるので教科書を極めなければならないと、ひたすら教科書を読んだ時期があったのですが、何年に何があったといったように単純に覚えているだけじゃつながりを理解するところまで行きません。それに気づくのが遅くて、結局は苦手教科のまま終わってしまいました。

これも今だから言えることですが、苦手な日本史を克服するためには講義系の参考書『石川晶康日本史B講義の実況中継（語学春秋社）』を左手で開いて、右手で『日本史B一問一答（ナガセ）』を開いて同時進行で勉強すれば、もっとスムーズに日本史の流れが理解できたように思います。

――現役で難関大学合格を目指すには

最後の試合を終えて野球部を引退するまでは、まさに眠気との戦いでした。練習が終わって自宅へ帰ると倒れ込むようにして寝てしまいます。だから部活の引退までは、駅の近くにある学習コーナーや武田塾に入塾してからは塾の自習室へ通い、場所の力を借りてというか周りの受験生の様子を見ながら、負けてなるものかと頑張っていました。

正直に告白すると、高校の授業中もガッツリ内職をしていました。野球部を引退してからの高校の放課後からの勉強時間だけで、慶應義塾大学に入学できるほど甘くはないと自分でも分かっていたのです。その内職ですが、定期テストもあるので、やっても1日3時間程度です。授業にもよるのですが、単語を覚えたり確認したりするときもあれば、ガッツリ問題を解いているときもありました。

もちろん先生たちも、大学受験のためと分かっていても面白くありません。後半になってからは見逃してくれることも増えましたが、最初のころは注意されたり、嫌な顔をされたりしました。

お世話になった先生たちには本当に申し訳ないのですが、これしか難関大学への現役合格の手段がないと割り切るようにしていました。受験科目の英語と日本史を除くと、定期試験もギリギリ赤点を回避できればいいくらいに思っていました。

もちろん、スランプもありました。なかなか暗記できなくなった時期があります。急に暗記のテンポが狂い始めたのです。努力しても全然覚えられない状態が続きました。でも、

そこで悩んでいる余裕なんてありません。止まっていられないのです。やるしかないのです。

そうしたらある日突然、また元のように記憶のキャパが回復するというか、スーッと覚えられる時期がやってきました。そのようなことが大なり小なり何度かあったのですが、常に基本に戻るように努力したり、継続して覚えるように努力することによって危機を乗り越えることができました。

それこそ不安に押しつぶされそうになる受験勉強です。それも野球部を続けていたことによって周りのみんなより勉強できる時間が制限されていました。そのような僕にとっては、出来るだけ何も考えずに、ただひたすら勉強を続けることが一番の精神安定剤でした。

あとは武田塾で示されている志望校合格までのルートと、坂口校舎長や講師の先生たちの「大丈夫、このまま進めば絶対合格できる」という言葉を信じるしかありません。

――合格！　そして直に見た慶應義塾大学湘南藤沢キャンパスは

受験したのは慶應義塾大学の文学部と商学部、そしてＳＦＣの総合政策学部と環境情報学部です。

受験が終わって、文学部と商学部はヤバイと思っていました。でもＳＦＣの２学部については「絶対受かっているはずだ」と思っていました。それでも数多くの受験生が競い合う大学入試ですから、絶対とは言い切れません。

最初に文学部と商学部の発表があったのですが、見ていません。ネットを開けばすぐに見られるのですが、落ちているのを確認しても仕方がないと思ったのです。その２日後にＳＦＣの２学部の発表です。受験した４学部すべての結果を一度に見ることにしました。

その結果、ＳＦＣの２学部は合格です。「おー、受かったー！」「マジ、受かってる！」と叫んだので、近くにいた両親も大喜びです。文学部と商学部は不合格ですが、僕自身もそんなことはどうでもいいし、両親だって慶應義塾大学に受かったことしか念頭にありません。

実際に、ＳＦＣに通うようになった今、ここで良かったと思っています。

だって慶應義塾大学湘南藤沢キャンパスって自然がいっぱいだし、こぢんまりしているので人間関係も深くなります。置かれた環境も集まっている人たちも、いろんな発想をするにはこれ以上ない条件を提供してくれています。

選んだのは総合政策学部ですが、もうドンピシャという感じです。この学部は政治や法律を学べる文系的な学部です。一方の環境情報学部は生物学やデザインが学べる理系的な学部です。でもこの両学部ともに、出来ることはほぼ同じなのです。それでも自分は文系だったこともあり、総合政策学部の方がやりたいことにも近いのではないかと思ったのです。

この学部は慶應義塾大学の中でも結構異端な人たちが集まる学部です。将来、大手企業に就職することなど考えずに、自分の特技で起業するだったり、中にはアーティスト的気質な人やデザインで世界を目指す人などもいます。自分の中の突出した技能で生きていくという考え方の人が多くて、ちょっと異端な人たちも多い学部です。

僕の目指す起業家への道には最適な人たちもいっぱいいます。周りには、すでに起業した人がいっぱいいたり、教授の方たちにも授業で教えながら会社を経営している人もいます。将来起業家を目指したい自分には、すごい刺激が多いので、それは本当に良かったと思っています。

だから、みなさんにもぜひ来てもらいたいのがＳＦＣです。キャンパスで待っています。

担当教務より

教務担当：坂口由樹（高岡校校舎長）

志望校選択へのアドバイス

志望校は慶應義塾大学一本ではっきりしていました。ＭＡＲＣＨ、日東駒専など安全のための併願校をアドバイスしましたが、慶應義塾大学への気持ちが強く、それならばむしろ邪魔であると最終的には慶應義塾大学のみを目指すことに同意しました。

生徒の性格、勉強法の問題点

野球をやっているときには野球に、勉強に切り替えてからは勉強にとそれぞれやることに純粋に集中して取り組みました。一つひとつの勉強の必要性まで危機感を持って自分で考えられ、そのうえで全力で取り組める、そんな迷いのない真っすぐな生徒でした。問題点としては素直さが高じて受験のセオリーを妄信する点があり、特殊な力を求められている慶應義塾大学文学部に対しての対応力に変化できなかった点くらいです。

受験勉強指導の重点ポイント

とにかく時間がありませんでした。インプットすべきものでも最効率を考え、カットできる勉強はすべてカットして最短で力を付けました。その参考にしたのは林塾長の『残り3ヶ月からでも難関大学の逆転合格を可能にする驚異のショートカット勉強法（KADOKAWA）』などです。

途中経過と指導法の改善点

関門である英語が年内のマーク模試で9割に届き、早めに見えてきました。文学部への対策をもう少し早く一緒に考えていれば、当初の第1志望の文学部の結果も違ったかと思います。

生徒の変化と指導上の留意点

終始、慶應義塾大学への思いを持ち続け、自分を信じてやり切りました。立ち止まることなど無く、濃密に半年の受験生活を走り切りました。

受験直前期対策と合格のための選択

直前期は小論文対策に取り組みました。ＳＦＣに通う大学生の講師に見てもらっていたことで実際にＳＦＣへのイメージと対策が深まり、ＳＦＣは必ず取れるという戦略が成り立ったと思います。

これからの大学生活に期待すること

意識の高い人が多く集まる大学の、その中でも特に際立つＳＦＣへ進学しました。ぜひ多くの仲間を作り、刺激をもらい、その中で自分のやりたいことを見つけて欲しいと思います。

清水君は、武田塾高岡校開校初年度の生徒です。君らとの時間、最高に楽しかったです。私の宝です！

合格体験記 11

半年間の勉強で第1志望より上の早稲田大学法学部合格

野球部を終えてから、徹底した自学自習で挑んだ大学受験

門《かど》田《た》廉《れん》都《と》
現役合格

武田塾高岡校(富山県)
コース：徹底個別特訓3教科(国語、英語、日本史)

合格した大学

早稲田大学法学部／中央大学法学部／首都大学東京法学部／立命館大学法学部／同志社大学法学部（太字が進学先）

略歴

富山県立高岡高等学校卒

偏差値68、質実剛健、自主自律、部活動は最後までやる文武両道で、まじめな校風の富山県呉西《ごせい》地域では一番の進学校です。野球部に所属してポジションはセンターです。最初

のころは4番、のちに1番バッターでした。キャプテンを務めていましたが、チームをまとめるのは結構大変です。もちろん遣り甲斐もあるのですが、いろいろと苦労が絶えない高校野球生活でした。

受験勉強を始めたのは野球部を卒部した高校3年生の7月中旬からです。でも引退してから1週間ぐらいはうまく切り替えることができなくて、7月下旬からようやく本格的な受験勉強を始めました。

志望大学と受験科目

志望校を選んだ理由

結果的には本来の志望校よりも一段上の早稲田大学法学部に入ったのですが、当初から一貫して中央大学法学部が第1志望でした。法律家である検察官になりたくて、中央大学ならば司法試験の勉強を手厚くサポートしてくれると思ったからです。

中央大学を目指すからには、目標をさらにもっと上の大学において取り組まないと合格できないと思っていました。そのために早稲田大学を目標に掲げて努力したのですが、中央大学だけでなく早稲田大学にも合格できたので、早稲田大学への進学を決めました。

受験科目

合格した大学の受験科目：国語（現代文・古文・漢文）、英語、日本史
その他の受験科目：数学（勉強はしていませんが、中央大学の4科目入試で使いました）

得意科目と苦手科目

得意科目：日本史

　有力な得点源にしました。夏にかなりの時間をかけて重箱の隅をつつくような問題も解けるように細かいところまでの対策をしました。具体的には、教科書の一つの単元を読んだらそこまでの範囲の『日本史B一問一答（ナガセ）』をやって、しっかり頭に入れたら次の単元に進むという勉強を繰り返したのです。それを1周したあとで、8月末になってから『石川晶康日本史B講義の実況中継（語学春秋社）』を買って、秋までに読み切りました。

苦手科目：国語（特に現代文）

　難しい文章になると内容が頭に入ってきません。やむなく問題の解き方を覚えるようにしました。文章が読めなくても、問題が解ければ勝ちだと割り切ったのです。少しでも点

数を稼いで他の科目の足を引っ張らないように、現代文の解き方が書いてある参考書を読んで、解き方の方法を細かく勉強しました。

武田塾と受験勉強

武田塾との出会いと入塾したわけ

参考書を使った自学自習で、高校３年生の10月までに受験勉強の基礎部分は出来たと思ったのですが、難関私立大学への実践的な対処法に難があるように思いました。野球部のときの友人に武田塾のことを教えてもらい、そこならば自分のペースやり方を崩さずに勉強できそうだと思って、武田塾の無料受験相談を受けました。

友人から聞いていたとおり、早稲田大学には早稲田大学に合格するための、あるいはＭＡＲＣＨならばＭＡＲＣＨに合格するためのルートが明確に示されています。また参考書を使った自学自習は、それまで基礎固めのためにやってきた自分の勉強法と同じです。ここならばさらに志望校合格へ一歩近づけると思ったので入塾しました。

武田塾での日々と受験勉強

入塾前にもそれなりの基礎固めを進めてきたのですが、志望校合格に向け着実に近づいているとは言い切れません。確信が持てないまま、目の前の参考書に取り組んでいました。入塾後は志望校合格のために、どの参考書の何をいつまでにやるかを明確に指し示してもらいました。それも1週間ごとに確実に身に付いたかどうかを確認テストによってチェックするのです。

このことによって一つひとつの参考書をしっかりと仕上げることが出来るようになりました。最初はちょっと戸惑って伸び悩んだこともあるのですが、受験直前期には伸ばしたいところがガッと一息に伸びました。

夏までの偏差値は55あるかないかで中央大学はE判定でした。それが秋にはC判定です。早稲田大学は最後までE判定のままですが、武田塾の確認テストでは常に8割から9割を取っていたので、一歩一歩近づいているはずだという手応えはありました。

私の日常生活と勉強

部活動をやっているときはなかなか受験勉強との両立は出来なかったのですが、部活引退後は朝7時に起床して9時から昼の12時まで勉強。12時から午後1時までは昼食休み。

1時から夜の10時まで勉強。11時からは遅い夕食で夜中の12時に就寝です。

　出来るだけ早く駅の近くの市の自習コーナーや武田塾の自習室に入り、夜の10時まで勉強していました。でも、それ以上は勉強していません。勉強場所に行ったら集中することを心がけ、勉強とリラックスする時間のメリハリをつけていました。

　これは入試直前期まで変わらないルーティンワークです。入試直前でも坂口校舎長から「入試直前に長文などをやって、急にできなくなって、嫌な気持ちで受験するのが一番良くない」と言われていたので、入試本番の3日前ぐらいからはあまり勉強せず、単語帳を読んだり、『速読英熟語（Z会）』をシャドーイングする程度にしてリラックスしていました。

私のお薦め参考書、ベスト3

①石川晶康日本史B講義の実況中継（語学春秋社）

　本当に講義を受けているみたいで、読みやすく分かりやすいうえに細かい知識も身に付きます。長文論述のない私立大学向けの参考書です。長文論述がある国公立大学の場合は、山川出版社の『詳説日本史　日本史B』の教科書の方がいいのではないでしょうか。

②ポレポレ英文読解プロセス50（代々木ライブラリー）

難しいのですが、説明が丁寧で分かりやすい参考書です。本自体が薄いので何周も解き直すことができます。1日3問やれば2週間ほどで1周できるので、自分は10から12周ぐらいやりました。

③早稲田の国語（教学社）

早稲田大学の過去問から選び抜いて解説が加えられています。早稲田大学では、古文と現代文とか古文と漢文とかが混ざった複合問題が出題されます。そのような早稲田大学の国語の出題傾向がつかめる参考書です。法学部以外の問題も国語の能力を上げるために全部やりました。早稲田大学の複数の学部を受験するのならば必須の参考書だと思います。

合格体験記――門田廉都

――文武両道を絵に描いたような質実剛健な気風でした

僕たちの住む富山県には真ん中に呉羽《くれは》山《やま》という山があって、西側が呉西、東側が呉東《ごとう》と

呼ばれています。その富山県には御三家と呼ばれる進学校があります。呉東には富山中部高校と富山高校があるのですが、呉西は高岡高校だけなので呉西では一番の進学校となります。

呉西の中では「高岡高校に行ってる」といえば、「凄いね」といわれるような一強ともいえる進学校ですが、伝統的に質実剛健の気風があって、それぞれの部活も夏ごろの最後の大会までは手抜きをせずに全力で取り組むのが当たり前のような高校です。

僕も野球部のキャプテンで4番や1番バッターを務め、センターを守っていました。だから高校3年生の夏、忘れもしない7月15日の試合で敗退して引退するまでは野球中心の、それこそ野球しかないような生活をしていました。

本格的に受験勉強に取り組み始めたのは、卒部した7月15日のあとです。と言っても、野球を辞めてからの1週間ぐらいはボーッとしていました。

僕たちは負けても試合は続いています。勝ち進んでいる友だちの学校もあります。僕の中での高校野球は終わったのですが、切り替えが出来ないのです。急に野球がなくなったことが感覚的に受け入れられなくて、勉強が手に付かない日々が続いていました。

それでも目指すべき大学は、以前からハッキリしていました。中央大学の法学部です。いつのころからか法律家、それも検察官になりたいと思っていました。その夢が少しずつ具体化していって、高校2年生の終わりごろには中央大学の法学部を目標にするようになりました。

実はピッチャーだった1学年上の先輩で慶應義塾大学に進学した人がいるのですが、「私立を狙うなら早めに志望校を決めた方がいいよ」「基本的に受験科目は3科目だから絞り込んで勉強した方がいい」と教わったのです。

――一番難易度の高い早稲田大学法学部を目標にした

大学のこと、特に大学の法学部をいろいろと調べて、第1志望は中央大学の法学部にしました。

中央大学の法学部は名門です。しかも司法試験を目指す学生へのサポートも手厚いと聞いています。「炎の塔」という施設もあって、司法試験に挑むには最適な環境が整っているそうです。

その話を担任の先生にしたら、私立大学を目指すならば、やっぱり一番の難関である早

稲田大学を目標に置いて、そこを目指してやっていくことで中央大学を取るのがいいのではないかと勧められました。

なるほど一段高みにある早稲田大学を目指すことによって、確実に中央大学に受かるのも一つの方法です。目標をより高いところに置いておかないと、最低限達成すべき課題も成し遂げられないことは野球の練習を通じて実感していたことです。

本格的に受験勉強を始めたのが、先にも書いたように7月の下旬からです。試験までの残された日数も、わずか半年しかありません。塾や予備校に通う時間も惜しかったので、まずは英単語を覚えるなど基礎的な勉強をやるしかないと、参考書を使った勉強を始めました。夏休みの間はほぼ基礎的なことの復習と英単語や日本史の暗記に集中したのです。

夏休みが終わったころ、基礎的な勉強はほぼ終えたという自信もあったのですが、いざ中央大学や早稲田大学の過去問に挑んでみても、まったくというほど解けません。これから志望校の具体的な対策に入ろうと思っても、何から手を付けたらいいのかさえも分かりません。

進学校なんだから、学校の先生に聞けばいいだろうと思われるかもしれませんが、地方

あるあるで、地方の進学校の場合は国公立大学が主な対象になっているのです。もちろん先生たちも生徒の要望に応えようとはしてくれるのですが、なんだか歓迎されていないような雰囲気がありました。

――友だちの勧めで武田塾の無料受験相談を受けた

今、僕と同じように合格体験記を書いている清水君という野球部の仲間がいます。背番号1、エースだった仲間で、本格的に勉強を始めたのは僕と同じ7月中旬の部活が終わったときからです。

それでも慶應義塾大学に現役合格しました。その彼が、まだ部活をやっていた5月ごろから武田塾に入ったと聞いていました。

野球部を卒業してからも駅の近くにある自習コーナーで一緒に勉強することが多かったのですが、10月ごろになって基礎的な勉強を一とおり終えて、具体的な志望校対策をどのようにすればいいか悩んでいたときに、「だったら、武田塾の無料受験相談を受けてみたら」「受験相談だけならタダだよ」と教えられたのです。

夏休みからの短期間ですが、すでに基礎的な勉強をガムシャラにやってきたという自信もあります。だから勉強はマイペースで、自学自習を主にしてやるべきだと思っていました。

勉強のリズムを壊されることに一抹の不安はあったのですが、相談に乗ってもらうだけならいいだろうと武田塾の無料受験相談を受けたのです。

とは言え清水君の話も聞いていたので、参考書を使った武田塾の勉強の進め方や一人ひとりに合った指導をしてもらえることは知っていました。「ともかく話を聞いてみて、本当に良いようならば入塾してもいいかなー」程度の感覚でした。

実際に無料受験相談を受けてみた感想は、清水君の話どおりというか「これなら、入ろう」と思えるものでした。早稲田大学を目指すためのルートとか、ＭＡＲＣＨを目指すためのルートなども具体的に提示してもらえて、難関私立大学受験へ向けての勉強法についても教えてもらいました。

自分の都合も聞いてもらって、これを多めにやりたいといったような要望も踏まえた計画を立ててくれます。着実に身に付いているかどうかの確認テストについても清水君から

聞いていたとおりで、納得のできるものでした。

——何をやるかが明確になり、基礎の穴も埋めた

武田塾へ入塾した10月ごろは、具体的な志望校対策の勉強まで進んでいなかったのですが、先に書いたように夏休みのころから一生懸命に基礎的な勉強をやっていました。先ずは部活に専念していたころの遅れを取り戻すというか、基礎固めをしないことには話にならないと思ったのです。

実際に夢中になって英単語を覚えたり日本史の主な事項を暗記したりしたことによって、その後に受けた模擬試験で成績が跳ね上がりました。当たり前のことですが、基礎が全然できていない状況から一応の基礎的な知識を網羅することができれば、一気に成績が伸びます。

学校で配られたセンター試験の英語の問題集のようなものをやっても、結構解けるところまで来ていました。これならば行けると自分でも明らかに基礎的な力が付いたと自信を持っていました。

あとは志望校合格へ向けての実践的な対策です。併せて、それまでに積み重ねてきた基

礎的な勉強の穴になっている部分というか、確実じゃないところを補完することです。

武田塾に入塾してからは、実際の受験に対応した英語の長文や苦手科目だった国語の文章問題などについて、次々と課題を設定してもらいました。1週間単位で、どの参考書のどの部分をやればいいかを明確に指示してもらい、1週間後には習熟度の確認のためのテストです。だから、とりあえずはそれをしっかりやろうと思ったので、日々の勉強から迷いが消えます。

志望校合格までのルートに基づいて、自分の今の実力から合格圏内までの行程表が示されているのです。それを細分化した形の毎週の課題をやり切って確認テストで合格点を取り続ければ、一歩一歩志望校合格に近づいていきます。

その確認テストですが、一度だけ合格点に達せずに、もう一度同じ宿題を出されたことがありますが、それ以外は80〜90％ぐらいの点数を取り続けました。

——武田塾へ出向くのは週に1回だけですが

勉強する場所は一貫して駅の近くにある市の自習コーナーです。武田塾の存在を教えて

くれたピッチャーだった清水君も、相変わらず同じ場所で勉強していました。彼もそうなのですが、学校の授業が終わると出来るだけ早く自習コーナーに行き、夜の10時ごろまで勉強です。家で勉強することはほとんどなくて、勉強はその場所だけで集中してやるようにメリハリをつけていました。

だからあまり武田塾の自習室を使うこともなくて、確認テストと特訓を受けるために週に1回、武田塾高岡校に通ったのですが、その都度と言っていいくらい坂口校舎長が中央大学法学部を受験するための情報を集めてくれているのです。

センター試験利用のときのボーダーラインや一般入試の場合の合格点、出題傾向についての資料など、入試に役立ちそうな資料を次々と示してくれました。のちほど3科目に絞り込んでの具体的な勉強法についても触れますが、中央大学法学部合格のための勉強法など、いろいろと調べてくれていたようです。

このように比較的順調に受験勉強の後半戦に突入することができたのですが、やはり野球部を辞めて以降の、ちょっとガムシャラすぎたかもしれないのですが、自分なりの勉強スタイルを崩さずに武田塾方式の勉強に取り組めたことが大きかったように思います。

武田塾もまた、参考書を使った自学自習中心の勉強法を採用しています。だから自分自身が頑張ったから成績が伸びたという成功体験の積み重ねを経験できます。その結果としての志望校合格です。

従来からの自分の勉強スタイルを崩さず、いろいろと要望を聞いてもらって勉強計画を立てました。授業中心じゃない武田塾だからこそ、無理のない計画が立てられたのだと思います。さらにルートという志望校合格までの道のりが示されていたので、目の前の課題に集中できたことも大きかったと思います。

――得点源にすべき得意科目は日本史でした

得点源になる得意科目は日本史です。集中的にやったのは武田塾に入る前、それも本格的に受験勉強を始めた7月下旬から夏休みが終わるまでの時期に一気に仕上げまでやりました。

だから勉強法は自己流なのですが、そもそもは学校の先生から「日本史はとりあえず教科書を中心にやるといい」と言われたからです。

だからと言って、教科書をまるまる読んでも頭に入らないと思っていました。だから章

ごとに教科書を何度も読み込んでから、そこまでの範囲を『一問一答』でやって、用語等を覚えたらまた次へと進めるようにしていました。

それをもう一度1周したころには用語も結構覚えていて、思ったよりスーッと読み進めることができました。ただそれでも教科書の文章は硬すぎて読みづらかったので、インターネットで調べて講義系の参考書をやってみることにしました。

講義系の日本史の参考書は、インターネットで調べると次から次へと出てきます。

カスタマーレビューなどを参考に候補を絞り込んで、最後は『金谷の日本史「なぜ」と「流れ」がわかる本（ナガセ）』と『石川晶康日本史B講義の実況中継（語学春秋社）』の二つのシリーズに辿り着いたのですが、あえて分量の多い方、石川の日本史を選びました。

実は、たまたま読んだ参考書の紹介文の中に「これが終わるかどうかが勝負だ」といった風なことが書いてあったのです。中央大学や早稲田大学の法学部の受験科目は3科目、国語と英語と日本史だけなので、だったら全部やれるかどうか勝負に出ようと思ったのです。

買ったのは夏休みも終わる8月の終わりごろですが、そこから読み始めて武田塾に入っ

た10月ごろまでには全部読み切りました。ただしこの参考書は私立大学の受験向けだと思います。国公立大学には２００字とか４００字といった長文の論述があります。そういう勉強には向いていないのですが、全部読み切ることができるのならば、私立大学受験のためには最適な参考書だと思います。

まず最初に日本史に取り組んだのも、日本史を得点源にしようと思ったのも、他の英語と国語で一気に点数を伸ばせると思えなかったからです。その点で日本史は、覚えたら覚えた分だけ点数を伸ばすことができます。物理的に一気に点数を上げるには日本史が最適だと思ったのです。さらにまた、とりあえず1教科だけでも得意科目があれば得点源にもなるし、他の教科に余裕を持って取り組むことができると考えたのです。

事実、比較的初期の段階で日本史を仕上げて得点源にすることができたので、後半戦の勉強では国語と英語に集中することができました。

──苦手な国語は、攻め方を工夫しました

国語はマジ苦手でした。その中でも現代文が苦手でした。

特に早稲田大学法学部の国語の試験問題はめちゃくちゃ抽象的です。たぶん早稲田大学の各学部の試験問題の中でも、法学部の国語が一番難しいのではないでしょうか。

早稲田大学法学部の国語の入試問題を見たときに「これは、もう絶対ムリだわ」と思いました。それでもとりあえずやるしかなかったのですが、いくら読んでも理解できないし、頭に入ってきません。何を言いたいのかさっぱり分からなくて、「こんなの解けるわけないよ」という状態が続いていました。

でも考えてみれば入試って、文章が読めなくても問題が解ければ勝ちじゃないですか。そんなときに読んだ参考書の中に「答は絶対に文章の中にある」と書いてあったのです。これって当たり前なのですが、そういうことって意外と忘れがちです。そのような当たり前のこと、「絶対文章の中にしか答はない」ってことをしっかりと意識して解くようにしたら、ちょっと成績が上がりました。

それでも全然足りなかったのですが、あとは参考書の中に出ていた、「こういう接続詞が出てきたら意識した方がいい」などというテクニックを覚えることによって、とりあえずは少しでも点数が取れるようにやってみました。

中央大学の法学部と立命館大学の法学部は、センター試験利用でも受けました。中央大学法学部の5教科のセンター試験利用では当然のように落ちたのですが、3教科のセンター試験利用の方は受かりました。立命館大学法学部も3教科のセンター試験利用は受かりました。

センター試験の現代文や古文も時間的に結構厳しくてうまくいかなかったのですが、問題の中に答を見出す努力などのテクニックを使って、まあ何とか耐えることができたように思います。

そして個別試験での国語の対策ですが、中央大学は25年分ぐらいの過去問を、早稲田大学は4年分の過去問をやりました。各大学の出題傾向を把握して、せめて最低限必要な点数を確保することが欠かせないと思ったからです。

その早稲田大学の過去問ですが、法学部の過去問だけじゃなくて全学部の過去問をやりました。学部によって問題の傾向が違うのですが、苦手な国語の勉強になるのでやってみたのです。

――部活のときも、せめて英単語だけはやるべきだった

英語の勉強で特に力を入れてやった参考書は『ポレポレ英文読解プロセス50（代々木ライブラリー）』です。この参考書は難しいのですが、説明が丁寧で分かりやすい参考書です。とりあえず、なんでこういう風になっているのかが理解できて、何よりも短い文章が50個も入っているので、毎日やるべき個数を決めて着実にやっていけばいいのではないでしょうか。

文章も最後の方はめちゃくちゃ難しいのですが解説がしっかりしています。一読では分からなくても解説を何度も読めば、どういった構造なのか分かってきます。本自体が薄いので何周もやれば、相当難しい構文でも分かるようになっていきます。１日３問やれば２週間ほどで1周できますから、僕の場合は10から12周はやりました。

英単語を覚えるために真剣に取り組んだのも、本格的に受験勉強を始めた7月後半からです。それまでは部活と勉強の両立に悩んでいたというよりは、まったくやらなかったのです。勉強がまったくゼロということはないのですが、本当にゼロだった日もあるし、ゼロに近い日がほとんどでした。

今にして思えば、そんなときでも英単語だけはやっておけばよかったと思っています。

英単語さえやっていたならば文法をやって、比較的早い時期に長文読解の勉強にも取り掛かれます。でも僕は、その最低限ともいえる英単語さえほとんどやっていなかったので、野球が終わってから覚え始めたような状態です。

最終的には受かったから良かったようなものの、最後の帳尻合わせで大変な思いをしました。せめて英単語だけでもやっておけば良かったと、野球をしていたころへの反省点としては、そのことだけが思い返されます。

――試験本番までの短いけれど長かった道のり

もちろん受験までにはスランプもあったし、模試での早稲田大学はずっとE判定だったし、本命視していた中央大学も良くてC判定でした。受験勉強を始めたのも野球部が終わってからですから絶対的な勉強時間も不足しています。

学校の授業時間も結構内職していたのですが、中には内職に厳しい先生もいます。いろいろと理由を付けて学校を休み受験勉強にいそしむ生徒もいるのですが、自分たちはあくまで高校生なので、高校生は授業を受けるのが当然だと思っていました。学校をさぼっていると思われるのも嫌だし、志望校に合格するにしても正々堂々と胸を張って合格したか

ったのです。

そのようなことも野球部だったからかもしれませんが、受験勉強期間中を通じて成績が伸び悩んだときなども、やるべきことをやっていれば必ず成績に結び付くと思っていました。野球の練習のときも、打てないからって急に練習しても打てるようにならないのです。そのようなときこそ基礎から着実に繰り返していけば、ある日突然打てるようになるのです。

勉強が続くか続かないかも結局は精神的な問題なので、成績が伸び悩んだり覚えることができなくなったりしたときなどは、こまめに休憩を取るようにしたり、得意な科目の勉強を先にやってリズムを整えたりしていました。そのように自分の気持ちをコントロールできたのも、野球をやっていたからだと思います。

受験本番までには、武田塾のルートに沿って、出来る限りの勉強を終えることが出来たと思っています。それと、これは余談なのですが、早稲田大学の過去問を解いたときに、なぜか自分に波長が合っているというか、やり易さを感じていました。中央大学法学部が本命で、いわば本命を攻略するための仮想の目標が早稲田大学法学部だったのですが、な

ぜか身近に感じるようになっていました。

そして受験本番が近づいたころ、受験日の数日前からはあまり勉強せずにリラックスするようにしていました。冒頭のプロフィールでも触れたのですが、坂口校舎長から「長文を直前にやって、急に読めなくなって嫌な気持ちで受験するのが一番良くない」「3日前ぐらいからは単語帳だけを読むとか、それこそ何も勉強しない方がいい」と言われたのです。実際には何もやらないことの方が辛いので、単語帳を読んで、あとは『速読英熟語』のシャドーイングだけをやっていました。

――中央大学入学のための部屋探しをしていました

2月15日の早稲田大学法学部の入学試験の前日、2月14日がセンター試験利用の中央大学法学部と立命館大学法学部の発表でした。

受かっていないと思って、15日の早稲田大学法学部の試験を終えてから発表を見ようかと躊躇していました。立命館大学法学部はともかく、中央大学法学部に受かっているわけがないと思っていたのです。とはいえ翌日の早稲田大学法学部はチャレンジの対象ではあるものの、本命は中央大学法学部です。

とりあえず見るしかないなとネットで開いてみたら、センター試験利用の中央大学法学部の5教科は落ちたのですが3教科の方と立命館大学の3教科のセンター試験利用は合格です。「やったー！　中央大学法学部に入れる」と、すでにこの時点で本命の第1候補に合格できました。もう浪人することなく、ストレートで大学生になれるのです。

すでに本命視していた中央大学法学部に受かっているのですから、翌日の早稲田大学受験はルンルン気分です。ダメ元どころか僕の中での大学受験はすでに終わっています。

だからその時点で、入学試験とは縁が切れるはずでした。でもすぐ翌日が試験日ですから、受けるだけ受けてみようかと、記念受験じゃないですけど気楽に試験に臨めました。

その早稲田大学の合格発表ですが、僕の記憶では2月24日です。実はその前の日に首都大学東京の受験と中央大学に入学したあとのアパートを探すために東京に来ていました。首都大学東京は中央大学に受かったら合格しても行かないと決めていたのですが、部屋探しのついでに受けてみようという気になったのです。

その中央大学の生協での部屋探しですが、「中央大学の専願なら紹介できる物件もそこ

そこあるのですが、併願だと紹介できる物件が限られます」と言われました。翌日が早稲田大学の合格発表ですが、一緒に行った母は到底無理だと思っているので、「いいんじゃない。中央大学専願でお願いしたら」と言い始めました。

もちろん僕も母と同じように「受かっているわけない」と思っていました。でも発表が翌日なので、「１日だけだから待ってみるかー」となりました。実のところ早稲田大学の試験のときに、あまり書けなかったから合格なんて無理だろうと思っていたのです。

――そのとき、家族旅行を兼ねていたのです

両親と妹と４人で上京していました。中央大学に入学してからの部屋探しを兼ねた家族旅行です。

ホテルの部屋を二つ取ってあったのですが、合格発表って一人で見たいじゃないですか。３人を別の部屋に追いやって、合格発表の９時を待ちました。

早稲田大学の合格発表って結構特殊です。スマホに受験番号を打ち込んだら、合格かどうかが分かるシステムになっています。それが番号順に何番から何番までは９時、次の何番から何番までが９時半からとなっています。

僕の受験番号は497だったので、一番最初の9時の発表になっていました。「オレが調べてイイというまで、やったらダメだからな」と念を押して、一人で部屋に籠もって確かめようとしたのですが、手が震えて番号を間違えてしまいました。

「えっ、なんでー」とやり直そうとしたら、隣の部屋から「やったー！」「すごーい」「ホントだー」「ヤッタ、ヤッタ」という声が聞こえました。

勝手に盛り上がっている隣の部屋の歓声を聴いて、「なにしてんねん」「たぶん受かったな」と思いながらもう一度受験番号を押したら、「おめでとうございます」「合格です」と合格が告げられました。

すぐに「おーい！」って声が聞こえて、両親と妹が飛び込んできました。両親も「これって、手違いじゃないの？」と言っていましたが、本当に間違いじゃないかって思うぐらい信じられません。「本当に、本当に受かっているの？」と、しばらく呆然としていました。

――いうまでもなく勝因は目標が明確だったからです

第1志望の中央大学法学部どころか、まず不可能だと思っていた早稲田大学法学部にまで合格しました。その結果、希望以上の大学、早稲田大学法学部に進学することになったのです。

いま振り返ると幾つかの勝因があります。その1番目が早い時期から、それこそ中学生のときから中央大学法学部を目指すという目標を立てたことだと思います。さらに中央大学法学部を目指すからには一段上の目標を設定して取り組まないと、到達できないと思ったのです。

その中央大学法学部も早稲田大学法学部も一般入試は3科目です。大学受験は英語と国語と日本史で受けると、これまた志望校同様に早い時期から勉強すべき科目を絞り込んでいました。

その中では国語が苦手で足を引っ張ることになると分かっていました。その国語でも最低限の点数は取る努力が必要ですが、得意科目の日本史で点数を稼ぐと決めていました。だから受験勉強を始めた高校3年生の夏休みに、徹底的に日本史に取り組んだのです。

実際に本番でも日本史は9割程度の点数が取れたと思います。まず一つでいいから得意科目を作って平均点を引き上げることが欠かせないと思います。

大学受験には、どの大学のどの学部を目指すか、試験科目は何か、各科目ごとの課題と勉強法などについて見極めることが欠かせないと思うのですが、苦しい受験勉強を乗り切るには、何のために志望校に合格するのかという、受験勉強に挑むためのモチベーションの維持も欠かせないと思います。

僕の場合は、法律家になりたい、検察官になりたいという夢がありました。そのためには司法試験に受からなければなりません。そのために最適な大学はと考えたときに中央大学法学部がクローズアップされてきました。

そして目標を一段引き上げて早稲田大学法学部を目指して受験勉強に挑むことにしたのです。たぶんこのような考え方ややり方は、長い間やってきた野球部の活動を通じて身に付けたものだと思います。それもキャプテンをやらせてもらったおかげで、ブレないことの大切さが身に染みていました。人それぞれですが、目標を高く掲げて挑戦してみてください。

――そして、これから受験される皆さんへ

最後に一言、部活と勉強の両立って大変です。それでも僕は高校野球に夢中になって白球を追いかけたことを誇りに思うことはあっても後悔していません。それどころか高校野球に夢中になった時期があったからこそ、本来の志望校より一段上の早稲田大学法学部に入れたのだと思っています。

もし、後悔というより反省していることがあるとするならば、すでにこのことも書きましたが、野球をやっていたときにも、せめて英単語だけはキッチリとやっておくべきだったということです。

最後に追い込んで何とかなったのですが、「もっと前に英単語さえやっておけば良かったのに」と何度も思いました。せめてそれくらいは留意しつつ、ぜひ貴重な高校での部活にも取り組んでください。皆さんの奮闘を期待しています。

担当教務より

教務担当：坂口由樹（高岡校校舎長）

志望校選択へのアドバイス

中央大学法学部が強い志望校でした。紆余曲折はありましたが大部分中央大学法学部に絞って作戦を立てていました。身に付けるスピードがあまりにも速く、予想外に早稲田大学法学部まで見えたという結果です。

生徒の性格、勉強法の問題点

紹介者の清水君にも勝る集中力、一心に完璧に取り組める生徒でした。英語、日本史、国語と信じられないスピードで身に付けた勉強法については、問題点があるどころかマスターレベルだと思います。

受験勉強指導の重点ポイント

勉強自体に問題はなく、前向きな話（雑談）で気持ちを高めていったという感じで

す。

途中経過と指導法の改善点

7月に高校野球が終わり、10月初めに武田塾での勉強をスタートするまでに、すでに英単語などを仕上げていました。必要なインプットも素早く終わり、年内には過去問にも順調に入れて、ＭＡＲＣＨだけでなく早稲田大学への見込みも十分に立っていました。正直文句の付けようもなく併願で設定した関西の立命館大学、同志社大学などが不必要だったと思うくらいです。

生徒の変化と指導上の留意点

とにかく真摯に、高い集中力と賢さをもって受験と向かい合いました。雑念なく真剣に取り組んだ結果が、志望校を超えて余裕で一番上が取れた結果となりました。

受験直前期対策と合格のための選択

基本はＭＡＲＣＨの法学部で合格点を取るための過去問演習を組んでいきました。

重点を置いていなかった早稲田大学の過去問でも十分に結果が出たために、早稲田大学受験についても具体化していきました。

これからの大学生活に期待すること

良い大学生活、経験を期待するのと、適当な学部選びでの受験ではなく「法学部」という明確な目標に向かって走りました。大学1年生の夏休みが終わったころには今度は司法試験へ向けて真剣に取り組んで欲しいと思います。成功が見える強さがありますが自分の夢を必ず実現してください。武田塾高岡校開校の初年度に、門田君と清水君という高岡高校野球部出身者と出会えたことが私の一番の幸せです。

〈著者プロフィール〉
林 尚弘（はやし・なおひろ）
武田塾塾長。株式会社A.ver代表取締役社長。
1984年生まれ、千葉県出身。地元の進学校に進み、高校1年生から浪人時代を含め計4年間予備校に通うも、受験に失敗。大量の授業を受けても成績が伸びなかった自身の経験をもとに、「日本初！授業をしない。武田塾」を設立。独自の学習理論で東大、早稲田、慶應、国公立大医学部などへの逆転合格者を続出させて話題となり、2020年3月現在、全国に約300校を展開。主な著書に『予備校に行っている人は読まないでください』（ミヤオビパブリッシング）、『参考書が最強！』『E判定からの逆転合格にはわけがある!』（ともに幻冬舎）などがある。
武田塾HP https://www.takeda.tv/
武田塾医進館HP https://takeda-medical.jp

受験合格は参考書が9割。
武田塾合格体験記　上位国立・早慶編

2020年3月20日　第1刷発行

著　者　林 尚弘
発行人　見城 徹
編集人　福島広司
編集者　木田明理　片野貴司

発行所　株式会社 幻冬舎
〒151-0051 東京都渋谷区千駄ヶ谷4-9-7
電話　03(5411)6211(編集)
　　　03(5411)6222(営業)
振替　00120-8-767643
印刷・製本所　株式会社 光邦

検印廃止

ISBN978-4-344-03585-0　C0095
幻冬舎ホームページアドレス　https://www.gentosha.co.jp/

この本に関するご意見・ご感想をメールでお寄せいただく場合は、
comment@gentosha.co.jpまで。